Friedrich Hölderlin

Ins weite Blau

Friedrich Hölderlin

Ins weite Blau

Gedichte

Herausgegeben von Miriam Kronstädter
und Hans-Joachim Simm

marixverlag

Bibliografische Information der Deutschen Nationalbibliothek
Die Deutsche Nationalbibliothek verzeichnet diese Publikation in der Deutschen
Nationalbibliografie; detaillierte bibliografische Daten sind im Internet über
http://dnb.d-nb.de abrufbar.

© by marixverlag in der Verlagshaus Römerweg GmbH, Wiesbaden 2014
Covergestaltung: Groothuis. Gesellschaft der Ideen und Passionen mbH
Hamburg Berlin
Bildnachweis: Erik Khalitov/iStock
Satz und Bearbeitung: SATZstudio Josef Pieper, Bedburg-Hau
Der Titel wurde in der Adobe Garamond Pro gesetzt.
Gesamtherstellung: CPI books GmbH, Ulm
Printed in Germany

ISBN: 978-3-86539-372-2

www.marixverlag.de

INHALT

ΠΡΟΣ ΕΑΥΤΟΝ*

Lern im Leben die Kunst, im Kunstwerk lerne das Leben,
Siehst du das Eine recht, siehst du das andere auch.

Sophokles

Viele versuchten umsonst das Freudigste freudig zu sagen
Hier spricht endlich es mir, hier in der Trauer sich aus.

Der zürnende Dichter

Fürchtet den Dichter nicht, wenn er edel zürnet, sein Buchstab
Tötet, aber es macht Geister lebendig der Geist.

Die Scherzhaften

Immer spielt ihr und scherzt? Ihr *müßt*! o Freunde! mir geht dies
In die Seele, denn dies müssen Verzweifelte nur.

Wurzel alles Übels

Einig zu sein, ist göttlich und gut; woher ist die Sucht denn
Unter den Menschen, daß nur Einer und Eines nur sei?

---

* An sich selbst.

Menschen, Menschen! was ist euer Leben

Gedichte 1784–1789

M. G.*

Herr! was bist du, was Menschenkinder?
Jehova du, wir schwache Sünder,
Und Engel sinds die, Herr, dir dienen,
Wo ewger Lohn, wo Seligkeiten krönen.

Wir aber sind es, die gefallen,
Die sträflich deiner Güte Strahlen
In Grimm verwandelt, Heil verscherzet,
Durch das der Hölle Tod nicht schmerzet.

Und doch o Herr! erlaubst du Sündern,
Dein Heil zu sehn, wie Väter Kindern,
Erteilst du deine Himmelsgaben,
Die uns, nach Gnade dürstend, laben.

Ruft dein Kind Abba, ruft es Vater,
So bist du Helfer, du Berater,
Wann Tod und Hölle tobend krachen,
So eilst als Vater du zu wachen.

Das menschliche Leben

Menschen, Menschen! was ist euer Leben,
Eure Welt, die tränenvolle Welt,
Dieser Schauplatz, kann er Freuden geben,
Wo sich Trauern nicht dazu gesellt?
O! die Schatten, welche euch umschweben,
Die sind euer Freudenleben.

Tränen, fließet! o fließet, Mitleidstränen,
Taumel, Reue, Tugend, Spott der Welt,
Wiederkehr zu ihr, ein neues Sehnen,
Banges Seufzen, das die Leiden zählt,
Sind der armen Sterblichen Begleiter,
O, nur allzu wenig heiter!

---

* vermutlich: Meinem Gott (nach Jochen Schmidt).

Banger Schauer faßt die trübe Seele,
Wenn sie jene Torenfreuden sieht,
Welt, Verführung, manches Guten Hölle,
Flieht von mir, auf ewig immer flieht!
Ja gewiß, schon manche gute Seele hat, betrogen,
Euer tötend Gift gesogen.

Wann der Sünde dann ihr Urteil tönet,
Des Gewissens Schreckensreu sie lehrt,
Wie die Lasterbahn ihr Ende krönet,
Schmerz, der ihr Gebein versehrt!
Dann sieht das verirrte Herz zurücke;
Reue schluchzen seine Blicke.

Und die Tugend bietet ihre Freuden
Gerne Mitleid lächelnd an,
Doch die Welt – bald streut sie ihre Leiden
Auch auf die zufrieden heitre Bahn:
Weil sie dem, der Tugendfreuden kennet,
Sein zufrieden Herz nicht gönnet.

Tausend mißgunstvolle Lästerungen
Sucht sie dann, daß ihr die Tugend gleicht;
Beißend spotten dann des Neides Zungen,
Bis die arme Unschuld ihnen weicht;
Kaum verflossen etlich Freudentage,
Sieh, so sinkt der Tugend Waage.

Etlich' Kämpfe – Tugend und Gewissen –
Nur noch schwach bewegen sie das Herz,
Wieder umgefallen! – und es fließen
Neue Tränen, neuer Schmerz!
O du Sünde, Dolch der edlen Seelen,
Muß denn jede dich erwählen?

Schwachheit, nur noch etlich' Augenblicke,
So entfliehst du, und dann göttlich schön,
Wird der Geist verklärt, ein bess'res Glücke
Wird dann glänzender mein Auge sehn;
Bald umgibt dich, unvollkommne Hülle,
Dunkle Nacht, des Grabes Stille.

*An die Nachtigall**

Dir flüstert's leise – Nachtigall! dir allein,
Dir, süße Tränenweckerin! sagt es nur
    Die Saite. – Stellas** wehmutsvoller
      Seufzer – er raubte mein Herz – dein Kehlchen –

Es klagte – o! es klagte – wie Stella ists.
Starr sah' ich hin beim Seufzer, wie, als dein Lied
    Am liebevollsten schlug, am schönsten
      Aus der melodischen Kehle strömte.

Dann sah' ich auf, sah' bebend, ob Stellas Blick
Mir lächle – ach! ich suche dich, Nachtigall!
    Und du verbirgst dich. – Wem, o Stella!
      Seufztest du? Sangest du mir, du süße?

Doch nein! doch nein! ich will es ja nicht, dein Lied,
Von ferne will ich lauschen – o! singe dann!
    Die Seele schläft – und plötzlich schlägt die
      Brust mir empor zum erhabnen Lorbeer.

O Stella! sag' es! sag' es! – ich bebe nicht! –
Es tötete die Wonne, geliebt zu sein,
    Den Schwärmer. – Aber tränend will ich
      Deinen beglückten Geliebten segnen.

---

* sog. Alkäisches Odenversmaß, benannt nach dem griech. Dichter Alkaios;
die Strophe besteht aus zwei elfsilbigen Verszeilen, einer neunsilbigen und
einer zehnsilbigen Verszeile. Das Versmaß wird von Hölderlin häufig ver-
wendet (siehe zahlreiche der folgenden Gedichte).

** Louise Nast, 1768–1839, Tochter des Maulbronner Klosterverwalters.

An meinen B.*

Freund! wo über das Tal schauerlich Wald und Fels
    Herhängt, wo das Gefild leise die Erms durchschleicht,
        Und das Reh des Gebürges
            Stolz an ihrem Gestade geht –

Wo im Knabengelock heiter und unschuldsvoll
    Wen'ge Stunden mir einst lächelnd vorüberflohn –
        Dort sind Hütten des Segens,
            Freund! – du kennest die Hütten auch;

Dort am schattichten Hain wandelt Amalia.
    Segne, segne mein Lied, kränze die Harfe mir,
        Denn sie nannte den Namen
            Den, du weißts, des Getümmels Ohr

Nicht zu kennen verdient. Stille, der Tugend nur
    Und der Freundschaft bekannt, wandelt die Gute dort.
        Liebes Mädchen, es trübe
            Nie dein himmlisches Auge sich.

Die Unsterblichkeit der Seele

Da steh' ich auf dem Hügel, und schau' umher,
    Wie alles auflebt, alles empor sich dehnt,
        Und Hain und Flur, und Tal, und Hügel
            Jauchzet im herrlichen Morgenstrahle.

O diese Nacht – da bebtet ihr, Schöpfungen!
    Da weckten nahe Donner die Schlummernde,
        Da schreckten im Gefilde grause
            Zackigte Blitze die stille Schatten.

---

* vermutlich an den Freund Christian Ludwig Bilfinger, 1770–1850 gerichtet;
sog. Asklepiadeisches Odenversmaß, benannt nach dem griech. Dichter Ask-
lepiades; die Strophe besteht aus zwei zwölfsilbigen Verszeilen, einer siebensil-
bigen und einer achtsilbigen Verszeile. Auch dieses Versmaß wird von Hölder-
lin häufig verwendet (siehe zahlreiche der hier aufgenommenen Gedichte). Auf
beide Strophenformen wird im folgenden nicht eigens aufmerksam gemacht.

Jetzt jauchzt die Erde, feiert im Perlenschmuck
   Den Sieg des Tages über das Graun der Nacht –
   Doch freut sich meine Seele schöner
     Denn sie besiegt der Vernichtung Grauen.

Denn – o ihr Himmel! Adams Geschlechte sinds,
   Die diese Erd' im niedrigen Schoße trägt –
   O betet an, Geschlechte Adams!
     Jauchzet mit Engeln, Geschlechte Adams!

O ihr seid schön, ihr herrliche Schöpfungen!
   Geschmückt mit Perlen blitzet das Blumenfeld;
   Doch schöner ist des Menschen Seele,
     Wenn sie von euch sich zu Gott erhebet.

O, dich zu denken, die du aus Gottes Hand
   Erhaben über tausend Geschöpfe gingst,
   In deiner Klarheit dich zu denken,
     Wenn du zu Gott dich erhebst, o Seele!

Ha! diese Eiche – strecket die stolze nicht
   Ihr Haupt empor, als stünde sie ewig so?
   Und drohte nicht Jehovas Donner,
     Niederzuschmettern die stolze Eiche?

Ha! diese Felsen – blicken die stolze nicht
   Hinab ins Tal, als blieben sie ewig so?
   Jahrhunderte – und an der Stelle
     Malmet der Wandrer zu Staub das Sandkorn.

Und meine Seele – wo ist dein Stachel, Tod?
   O beugt euch, Felsen! neiget euch ehrfurchtsvoll,
   Ihr stolze Eichen! – hörts und beugt euch!
     Ewig ist, ewig des Menschen Seele.

Mit grausem Zischen brauset der Sturm daher,
   Ich komme, spricht er, und das Gehölze kracht
   Und Türme wanken, Städte sinken,
     Länder zerschmettern, wenn ich ergrimme.

Doch – wandelt nicht in Schweigen der Winde Dräun?
   Macht nicht ein Tag die brausende atemlos?
     Ein Tag, ein Tag, an dem ein andrer
       Sturm der verwesten Gebeine sammelt.

Zum Himmel schäumt und woget der Ozean
   In seinem Grimm, der Sonnen und Monde Heer
     Herab aus ihren Höh'n die stolze
       Niederzureißen in seine Tiefen.

Was bist du Erde? hadert der Ozean,
   Was bist du? streck' ich nicht, wie die Fittige
     Aufs Reh der Adler, meine Arme
       Über die Schwächliche aus? – Was bist du,

Wenn nicht zur Sonne segnend mein Hauch sich hebt,
   Zu tränken dich mit Regen und Morgentau?
     Und wann er sich erhebt zu nahn in
       Mitternachtswolken, zu nah'n mit Donnern;

Ha! bebst du nicht, gebrechliche? bebst du nicht? –
   Und doch! vor jenem Tage verkriechet sich
     Das Meer, und seiner Wogen keine
       Tönt in die Jubel der Auferstehung.

Wie herrlich, Sonne! wandelst du nicht daher!
   Dein Kommen und dein Scheiden ist Widerschein
     Vom Thron des Ewigen; wie göttlich
       Blickst du herab auf die Menschenkinder.

Der Wilde gafft mit zitternden Wimpern dich
   O Heldin an, von heiligen Ahndungen
     Durchbebt, verhüllt er schnell sein Haupt und
       Nennet dich Gott, und erbaut dir Tempel.

Und doch, o Sonne! endet dereinst dein Lauf,
   Verlischt an jenem Tage dein hehres Licht.
     Doch wirbelt sie an jenem Tage
       Rauchend die Himmel hindurch, und schmettert.

O du Entzücken meiner Unsterblichkeit!
   O kehre du Entzücken! du stärkest mich!
      Daß ich nicht sinke, in dem Graun der
         Großen Vernichtungen nicht versinke.

Wenn all dies anhebt – fühle dich ganz, o Mensch!
   Da wirst du jauchzen, wo ist dein Stachel, Tod?
      Dann ewig ist sie – tönt es nach ihr
         Harfen des Himmels, des Menschen Seele.

O Seele! jetzt schon bist du so wundervoll!
   Wer denkt dich aus? daß wann du zu Gott dich nahst
      Erhabne, mir im Auge blinket
         Deine Erhabenheit – daß du, Seele!

Wann auf die Flur das irdische Auge blickt,
   So süß, so himmlisch dann dich in mir erhebst –
      Wer sah, was Geist an Körper bindt, wer
         Lauschte die Sprache der Seele mit den

Verwesungen? – O Seele schon jetzt bist du
   So groß, so himmlisch, wann du von Erdentand
      Und Menschendruck entlediget in
         Großen Momenten zu deinem Urstoff

Empor dich schwingst. Wie Schimmer Eloas* Haupt
   Umschwebt der Umkreis deiner Gedanken dich
      Wie Edens goldne Ströme, reihen
         Deine Betrachtungen sich zusammen.

Und o! wie wirds einst werden, wann Erdentand
   Und Menschendruck auf ewig verschwunden ist,
      Wann ich an Gottes – Gottes Throne
         Bin, und die Klarheit des Höchsten schaue.

Und weg ihr Zweifel! quälendes Seelengift!
   Hinweg! der Seele Jubel ist Ewigkeit! –
      Und ist ers nicht, so mag noch heute
         Tod und Verderben des Lebens große

---

* der Gott am nächsten stehende Engel, nach Klopstocks *Messias*.

14

Gesetze niedertrümmern; so mag der Sohn
  In seinem Elend Vater und Mutterherz
    Durchbohren; mag ums Brot die Armut
      Tempel bestehlen; so mag das Mitleid

Zu Tigern fliehn, zu Schlangen Gerechtigkeit,
  Und Kannibalenrache des Kindes Brust
    Entflammen, und Banditentrug im
      Himmelsgewande der Unschuld wohnen.

Doch nein! der Seele Jubel ist Ewigkeit!
  Jehovah sprachs! ihr Jubel ist Ewigkeit!
    Sein Wort ist ewig, wie sein Name,
      Ewig ist, ewig des Menschen Seele.

So singt ihn nach, ihr Menschengeschlechte! nach
  Myriaden Seelen singet den Jubel nach –
    Ich glaube meinem Gott, und schau' in
      Himmelsentzückungen meine Größe.

Die Demut

Hört, größre, edlere der Schwabensöhne!
Die ihr vor keinem Dominiksgesicht
Euch krümmet, welchen keine Dirnenträne
Das winzige, geschwächte Herzchen bricht.

Hört, größre, edlere der Schwabensöhne!
In welchen noch das Kleinod Freiheit pocht,
Die ihr euch keines reichen Ahnherrn Miene,
Und keiner Fürstenlaune unterjocht.

Geschlecht von oben! Vaterlandeskronen!
Nur euch bewahre Gott vor Übermut!
O! Brüder! der Gedanke soll uns lohnen,
In Hermann brauste kein Despotenblut.

Beweinenswürdig ist des Stolzen Ende
Wann er die Grube seiner Größe gräbt,
Doch fürchterlich sind seine Henkershände,
Wann er sich glücklich über andre hebt.

Viel sind und schön des stillen Mannes Freuden,
Und stürmten auch auf ihn der Leiden viel,
Er blickt gen Himmel unter seinen Leiden,
Beneidet nie des Lachers Possenspiel.

Sein feurigster, sein erster Wunsch auf Erden
Ist allen, allen Menschen nützlich sein,
Und wann sie froh durch seine Taten werden,
Dann will der edle ihres Danks sich freun.

O! Demut, Demut! laß uns all dich lieben,
Du bists, die uns zu einem Bund vereint,
In welchem gute Herzen nie sich trüben,
In welchem nie bedrängte Unschuld weint.

Drum größre, edlere der Schwabensöhne
Laßt Demut, Demut euer erstes sein,
Wie sehr das Herz nach Außenglanz sich sehne,
Laßt Demut, Demut euer erstes sein.

Vor allen, welchen Gott ein Herz gegeben
Das groß und königlich, und feurig ist
Die in Gefahren nur vor Freude beben,
Für Tugend selbst auf einem Blutgerüst,

Vor allen, allen, solche Schwabensöhne
O solche, Demut, solche führe du
Aus jeder bäurischstolzen Narrenbühne
Den stillen Reihen jenes Bundes zu.

Die Stille

Die du schon mein Knabenherz entzücktest,
Welcher schon die Knabenträne floß,
Die du früh dem Lärm der Toren mich entrücktest,
Besser mich zu bilden, nahmst in Mutterschoß,

Dein, du Sanfte! Freundin aller Lieben!
Dein, du Immertreue! sei mein Lied!
Treu bist du in Sturm und Sonnenschein geblieben,
Bleibst mir treu, wenn einst mich alles, alles flieht.

Jene Ruhe – jene Himmelswonne –
O ich wußte nicht, wie mir geschah,
Wann so oft in stiller Pracht die Abendsonne
Durch den dunklen Wald zu mir heruntersah –

Du, o du nur hattest ausgegossen
Jene Ruhe in des Knaben Sinn,
Jene Himmelswonne ist aus dir geflossen,
Hehre Stille! holde Freudengeberin!

Dein war sie, die Träne, die im Haine
Auf den abgepflückten Erdbeerstrauß
Mir entfiel – mit dir ging ich im Mondenscheine
Dann zurück ins liebe elterliche Haus.

Fernher sah ich schon die Kerzen flimmern,
Schon wars Suppenzeit – ich eilte nicht!
Spähte stillen Lächelns nach des Kirchhofs Wimmern
Nach dem dreigefüßten Roß am Hochgericht.

War ich endlich staubigt angekommen;
Teilt ich erst den welken Erdbeerstrauß,
Rühmend, wie mit saurer Müh ich ihn bekommen,
Unter meine dankende Geschwister aus;

Nahm dann eilig, was vom Abendessen
An Kartoffeln mir noch übrig war,
Schlich mich in der Stille, wann ich satt gegessen,
Weg von meinem lustigen Geschwisterpaar.

O! in meines kleinen Stübchens Stille
War mir dann so über alles wohl,
Wie im Tempel, war mirs in der Nächte Hülle,
Wann so einsam von dem Turm die Glocke scholl.

Alles schwieg, und schlief, ich wacht' alleine;
Endlich wiegte mich die Stille ein,
Und von meinem dunklen Erdbeerhaine
Träumt' ich, und vom Gang im stillen Mondenschein.

Als ich weggerissen von den Meinen
Aus dem lieben elterlichen Haus
Unter Fremde irrte, wo ich nimmer weinen
Durfte, in das bunte Weltgewirr' hinaus;

O wie pflegtest du den armen Jungen,
Teure, so mit Mutterzärtlichkeit,
Wann er sich im Weltgewirre müdgerungen,
In der lieben, wehmutsvollen Einsamkeit.

Als mir nach dem wärmern, vollern Herzen
Feuriger itzt stürzte Jünglingsblut;
O! wie schweigtest du oft ungestüme Schmerzen,
Stärktest du den schwachen oft mit neuem Mut.

Jetzt belausch' ich oft in deiner Hütte
Meinen Schlachtenstürmer Ossian*,
Schwebe oft in schimmernder Seraphen Mitte
Mit dem Sänger Gottes, Klopstock, himmelan.

Gott! und wann durch stille Schattenhecken
Mir mein Mädchen in die Arme fliegt,
Und die Hasel, ihre Liebenden zu decken,
Sorglich ihre grüne Zweige um uns schmiegt –

---

*   fiktiver gälischer Dichter, seine ‚Heldengesänge‘ stammen von dem schotti-
    schen Dichter James Macpherson, der sie 1760–65 veröffentlichte.

Wann im ganzen segensvollen Tale
Alles dann so stille, stille ist,
Und die Freudenträne, hell im Abendstrahle
Schweigend mir mein Mädchen von der Wange wischt –

Oder wann in friedlichen Gefilden
Mir mein Herzensfreund zur Seite geht,
Und mich ganz dem edlen Jüngling nachzubilden
Einzig vor der Seele der Gedanke steht –

Und wir bei den kleinen Kümmernissen
Uns so sorglich in die Augen sehn,
Wann so sparsam öfters, und so abgerissen
Uns die Worte von der ernsten Lippe gehn.

Schön, o schön sind sie! die stille Freuden,
Die der Toren wilder Lärm nicht kennt,
Schöner noch die stille gottergebne Leiden,
Wann die fromme Träne von dem Auge rinnt.

Drum, wenn Stürme einst den Mann umgeben,
Nimmer ihn der Jugendsinn belebt,
Schwarze Unglückswolken drohend ihn umschweben,
Ihm die Sorge Furchen in die Stirne gräbt;

O so reiße ihn aus dem Getümmel,
Hülle ihn in deine Schatten ein,
O! in deinen Schatten, Teure! wohnt der Himmel
Ruhig wirds bei ihnen unter Stürmen sein.

Und wann einst nach tausend trüben Stunden
Sich mein graues Haupt zur Erde neigt,
Und das Herz sich mattgekämpft an tausend Wunden
Und des Lebens Last den schwachen Nacken beugt:

O so leite mich mit deinem Stabe –
Harren will ich auf ihn hingebeugt,
Bis in dem willkommnen, ruhevollen Grabe
Aller Sturm, und aller Lärm der Toren schweigt.

Der Kampf der Leidenschaft

Ras' ich ewig? noch nicht ausgestritten
Ist der heiße Streit der Leidenschaft?
Hab' ich armer nicht genug gelitten?
Sie ist hin – ist hin – des Kämpfers Kraft.
Engelsauge! immer um mich schweben –
O warum? warum? du liebe Grausame!
Schone! schone! sieh! dies schwache Beben!
Weibertränen weint der Überwundene.

Weibertränen weinen? Weibertränen?
Wirklich? wein' ich wirklich, Zauberin?
Und dies Klopfen, dieses bange Sehnen
Ists um Luzias Umarmungen?
Nein! ich kann nicht! will nicht! diese Tränen
Stieß der Zorn ins Auge, sie vergoß der Grimm;
O! mich schmelzen keine Mädchenmienen,
Nur der Freiheit brauste dieses Ungestüm.

Aber wie? dein Stolz hat sich betrogen,
Siehe! Lügen straft die Liebe mich;
Männergröße hat dein Herz gelogen,
Und im schwachen Kampf verkennst du dich.
Stolz verschmähst du alle Mädchenherzen,
Weil dir Luzia ihr großes Herz nicht gibt,
Kindisch heuchelst du verbißne Schmerzen
Armer Heuchler! weil dich Luzia nicht liebt.

Weh! sie kann, sie kann mich nimmer lieben,
Mir geraubt durch ein tyrannisch Joch,
Nur die Wunde noch ist mir geblieben,
Fühlst dus? Fühlst dus? Weib! die Wunde noch.
Ha! ein Abgrund droht vor meinen Sinnen –
Laß mich! laß mich! todesvolle Leidenschaft!
Höllenflamme? wilt du ewig brennen?
Schone! schone! sie ist hin, des Kämpfers Kraft.

Am Tage der Freundschaftsfeier

Ihr Freunde! mein Wunsch ist Helden zu singen,
Meiner Harfe erster Laut,
Glaubt es, ihr Freunde!
Durchschleich' ich schon so stille mein Tal,
Flammt schon mein Auge nicht feuriger,
Meiner Harfe erster Laut
War Kriegergeschrei und Schlachtengetümmel.

Ich sah, Brüder! ich sah
Im Schlachtengetümmel das Roß
Auf röchelnden Leichnamen stolpern,
Und zucken am sprudelnden Rumpf
Den grausen gespaltenen Schädel,
Und blitzen und treffen das rauchende Schwert,
Und dampfen und schmettern die Donnergeschütze,
Und Reuter hin auf Lanzen gebeugt
Mit grimmiger Miene Reuter sich stürzen
Und unbeweglich, wie eherne Mauren
Mit furchtbarer Stille
Und Todverhöhnender Ruhe
Den Reutern entgegen sich strecken die Lanzen.

Ich sah, Brüder! ich sah
Des kriegrischen Suezias* eiserne Söhne
Geschlagen von Pultawas** wütender Schlacht.
Kein wehe! sprachen die Krieger,
Von den blutiggebißnen Lippen
Ertönte kein Lebewohl –
Verstummet standen sie da
In wilder Verzweiflung da
Und blickten es an das rauchende Schwert
Und schwangen es höher das rauchende Schwert,
Und zielten – und zielten –
Und stießen es sich bitterlächelnd
In die wilde brausende Brust.

---

*   Schwedens.
** Karl XII. von Schweden unterlag 1709 im Nordischen Krieg Peter dem Gro-
ßen von Rußland in der Schlacht von Poltawa (Ukraine).

Noch vieles will ich sehen,
Ha! vieles noch! vieles noch!
Noch sehen Gustavs* Schwertschlag
Noch sehen Eugenius'** Siegerfaust.
Doch möcht ich, Brüder! zuvor
In euren Armen ausruh'n,
Dann schweb' ich wieder mutiger auf,
Zu sehen Gustavs Schwertschlag,
Zu sehen Eugenius' Siegerfaust.

Willkommen, du! –
Und du! – Willkommen!
Wir drei sinds?
Nun! so schließet die Halle.
Ihr staunt, mit Rosen bestreut
Die Tische zu sehen, und Weihrauch
Am Fenster dampfend,
Und meine Laren –
Den Schatten meiner Stella,
Und Klopstocks Bild und Wielands, –
Mit Blumen umhängt zu sehen.

Ich wollt' in meiner Halle Chöre versammeln
Von singenden rosichten Mädchen
Und kränzetragenden blühenden Knaben,
Und euch empfangen mit Saitenspiel,
Und Flötenklang, und Hörnern, und Hoboën.

Doch – schwur ich nicht, ihr Freunde
Am Mahle bei unsers Fürsten Fest,
Nur Einen Tag mit Saitenspiel
Und Flötenklang, und Hörnern und Hoboën,
Mit Chören von singenden rosichten Mädchen,
Und kränzetragenden blühenden Knaben
Nur Einen Tag zu feiern?
Den Tag, an dem ein Weiser
Und biedere Jünglinge,

---

*   Gustav Adolf von Schweden, 1594–1632.
** Prinz Eugen von Savoyen, 1663–1736.

Und deutsche Mädchen
Zu meiner Harfe sprächen,
Du tönst uns Harfe lieblich ins Ohr,
Und hauchst uns Edelmut,
Und hauchst uns Sanftmut in die Seele.

Aber heute, Brüder!
O, kommt in meine Arme!
Wir feiern das Fest
Der Freundschaft heute.

Als jüngst zum erstenmal wieder
Der Mäher des Morgens die Wiese
Entkleidete, und der Heugeruch
Jetzt wieder zum erstenmal
Durchdüftete mein Tal:

Da war es Brüder!
O da war es!
Da schlossen wir unsern Bund
Den schönen, seligen, ewigen Bund.

Ihr hörtet so oft mich sprechen,
Wie lang' es mir werde
Bei diesem Geschlechte zu wohnen,
Ihr sahet den Lebensmüden
In den Stunden seiner Klage so oft.

Da stürmt' ich hinaus in den Sturm
Da sah' ich aus der vorüberjagenden Wolke
Die Helden der eisernen Tage herunterschau'n.
Da rief' ich den Namen der Helden
In des hohlen Felsen finstres Geklüft,
Und siehe! der Helden Namen
Rief ernster mir zurück
Des hohlen Felsen finstres Geklüft.

Da stolpert' ich hin auf dornigten Trümmern
Und drang durchs Schlehengebüsch in den alternden Turm
Und lehnte mich hin an die schwärzliche Wände
Und sprach mit schwärmendem Auge an ihm hinauf:

Ihr Reste der Vorzeit!
Euch hat ein nervigter Arm gebaut,
Sonst hätte der Sturm die Wände gespalten
Der Winter den moosigten Wipfel gebeugt;
Da sollten Greise um sich
Die Knaben und Mädchen versammlen
Und küssen die moosigte Schwelle,
Und sprechen – seid wie eure Väter!
Aber an euren steinernen Wänden
Rauschet dorrendes Gras herab,
In euren Wölbungen hangt
Zerrißnes Spinnengewebe –
Warum, ihr Reste der Vorzeit
Den Fäusten des Sturmes trotzen, den Zähnen des Winters.

O Brüder! Brüder!
Da weinte der Schwärmer blutige Tränen,
Auf die Disteln des Turmes,
Daß er vielleicht noch lange
Verweilen müsse unter diesem Geschlechte,
Da sah' er all' die Schande
Der weichlichen Teutonssöhne[*],
Und fluchte dem verderblichen Ausland,
Und fluchte den verdorbnen Affen des Auslands,
Und weinte blutige Tränen,
Daß er vielleicht noch lange
Verweilen müsse unter diesem Geschlechte.

Doch siehe es kam
Der selige Tag –
O Brüder in meine Arme! –
O Brüder, da schlossen wir unsern Bund,
Den schönen, seligen, ewigen Bund.

---

[*] Söhne Deutschlands.

Da fand ich Herzen, –
Brüder in meine Arme! –
Da fand ich eure Herzen.

Jetzt wohn' ich gerne
Unter diesem Geschlechte,
Jetzt werde der Toren
Immer mehr! immer mehr!
Ich habe eure Herzen.

Und nun – ich dachte bei mir
An jenem Tage,
Wann zum erstenmal wieder
Des Schnitters Sichel
Durch die goldene Ähren rauscht;
So feir' ich ihn, den seligen Tag.

Und nun – es rauschet zum erstenmal wieder
Des Schnitters Sichel durch die goldene Saat,
Jetzt laßt uns feiern,
Laßt uns feiern
In meiner Halle den seligen Tag.

Es warten jetzt in euren Armen
Der Freuden so viel' auf mich,
O Brüder! Brüder!
Der edlen Freuden so viel.

Und hab' ich dann ausgeruht
In euren Armen,
So schweb' ich mutiger auf,
Zu schauen Gustavs Schwertschlag
Zu schauen Eugenius' Siegerfaust.

An die Vollendung

Vollendung! Vollendung! –
O du der Geister heiliges Ziel!
Wann werd ich siegestrunken
Dich umfahen und ewig ruhn?

Und frei und groß
Entgegenlächeln der Heerschar
Die zahllos aus den Welten
In den Schoß dir strömt?

Ach ferne, ferne von dir!
Mein göttlichster schönster Gedanke
War, wie der Welten
Fernstes Ende, ferne von dir!

Und fleugt auf des Sturmes Flügeln
Äonen lang die Liebe dir zu,
Noch schmachtet sie ferne von dir,
Ach! ferne ferne von dir!

Doch kühner gewaltiger
Unaufhaltbarer immer
Fleugt durch Myriaden Äonen
Dir zu die glühende Liebe.

Voll hoher Einfalt
Einfältig still und groß
Rangen des Siegs gewiß
Rangen dir zu die Väter.

Ihre Hülle verschlang die Zeit
Verwest, zerstreut ist der Staub
Doch rang des Sieges gewiß
Der Funke Gottes, ihr Geist dir zu.

Sind sie eingegangen zu dir
Die da lebten im Anbeginn?
Ruhen, ruhen sie nun
Die frommen Väter?

Vollendung! Vollendung!
Der Geister heiliges Ziel!
Wann werd ich siegestrunken
Dich umfahen und ewig ruhn?

Die heilige Bahn*

Ist also dies die heilige Bahn?
   Herrlicher Blick – o trüge mich nicht!
      Diese geh' ich?? schwebend auf des Liedes
      Hoher fliegender Morgenwolke?

Und welch' ist jene? künstlich gebaut
   Eben hinaus mit Marmor beschränkt
      Prächtig gerad, gleich den Sonnenstrahlen –
      An der Pforte ein hoher Richtstuhl?

Ha! wie den Richtstuhl Purpur umfließt
   Und der Smaragd wie blendend er glänzt
      Und auf dem Stuhl, mit dem großen Szepter
      Aristoteles hinwärts blickend

Mit hellem scharfem Aug' auf des Lieds
   Feurigen Lauf – und jenes Gebirg'
      Eilt sie hinweg – mutig in die Täler
      Stürzt sie, ungestüm, und ihr Boden

Ist wie des Nordens Flammengewölk
   Wallend vom Tritt des rennenden Gangs –
      Waffengeräusch rauschen seine Tritte
      Über alternde Wolkenfelsen.

Ha! sie ist heiß die heilige Bahn –
   Ach wie geübt der Große dort rennt
      Um ihn herum – wie da Staunen wimmelt
      Freunde – Vaterland – fernes Ausland.

Und ich um ihn mit Mückengesums
   Niedrig – im Staub – Nein Großer, das nicht.
      Mutig hinan! – ! – Wanns nun da ist, voll ist

---

*   freies Versmaß Hölderlins.

Keppler[*]

Unter den Sternen ergehet sich
  Mein Geist, die Gefilde des Uranus
    Überhin schwebt er und sinnt; einsam ist
      Und gewagt, ehernen Tritt heischet die Bahn.

Wandle mit Kraft, wie der Held, einher!
  Erhebe die Miene! doch nicht zu stolz,
    Denn es naht, siehe es naht, hoch herab
      Vom Gefild, wo der Triumph jubelt, der Mann,

Welcher den Denker in Albion[**],
  Den Späher des Himmels um Mitternacht
    Ins Gefild tiefern Beschauns leitete,
      Und voran leuchtend sich wagt' ins Labyrinth,

Daß der erhabenen Themse Stolz
  Im Geiste sich beugend vor seinem Grab,
    Ins Gefild würdigem Lohns nach ihm rief:
      „Du begannst, Suevias Sohn! wo es dem Blick

Aller Jahrtausende schwindelte;
  Und ha! ich vollende, was du begannst,
    Denn voran leuchtetest du, Herrlicher!
      Im Labyrinth, Strahlen beschwurst du in die Nacht.

Möge verzehren des Lebens Mark
  Die Flamm' in der Brust – ich ereile dich,
    Ich vollends! denn sie ist groß, ernst und groß,
      Deine Bahn, höhnet des Golds, lohnet sich selbst."

Wonne Walhallas! und ihn gebar
  Mein Vaterland? ihn, den die Themse pries?
    Der zuerst ins Labyrinth Strahlen schuf,
      Und den Pfad, hin an dem Pol, wies dem Gestirn.

---

[*] Versmaß nach Klopstocks Vorbild.
[**] älterer Name für Britannien.

Heklas* Gedonner vergäß' ich so,
    Und, ging' ich auf Ottern, ich bebte nicht
        In dem Stolz, daß er aus dir, Suevia!
            Sich erhub, unser der Dank Albions ist.

Mutter der Redlichen! Suevia!
    Du stille! dir jauchzen Äonen zu,
        Du erzogst Männer des Lichts ohne Zahl,
            Des Geschlechts Mund, das da kommt, huldiget dir.

An die Ruhe

Vom Gruß des Hahns, vom Sichelgetön' erweckt,
    Gelobt' ich dir, Beglückerin! Lobgesang,
        Und siehe da, am heitern Mittag
            Schläget sie mir, der Begeist'rung Stunde.

Erquicklich, wie die heimische Ruhebank
    Im fernen Schlachtgetümmel dem Krieger deucht,
        Wenn die zerfleischten Arme sinken,
            Und der geschmetterte Stahl im Blut liegt –

So bist du, Ruhe! freundliche Trösterin!
    Du schenkest Riesenkraft dem Verachteten;
        Er höhnet Dominiksgesichtern**,
            Höhnet der zischenden Natterzunge.

Im Veilchental, vom dämmernden Hain umbraust,
    Entschlummert er, von süßen Begeist'rungen
        Der Zukunft trunken, von der Unschuld
            Spielen im flatternden Flügelkleide.

Da weiht der Ruhe Zauber den Schlummernden,
    Mit Mut'zu schwingen im Labyrinth sein Licht,
        Die Fahne rasch voranzutragen,
            Wo sich der Dünkel entgegenstemmet.

---

  * Isländischer Vulkan.
** nach dem Künstlernamen des zur Zeit Molières in Paris berühmten Schau-
     spielers Biancolelli.

Auf springt er, wandelt ernster den Bach hinab
   Nach seiner Hütte. Siehe! das Götterwerk,
     Es keimet in der großen Seele.
       Wieder ein Lenz, – und es ist vollendet.

An jener Stätte bauet der Herrliche
   Dir, gottgesandte Ruhe! den Dankaltar.
     Dort harrt er, wonnelächlend, wie die
       Scheidende Sonne, des längern Schlummers.

Denn sieh', es wallt der Enkel zu seinem Grab,
   Voll hohen Schauers, wie zu des Weisen Grab,
     Des Herrlichen, der, von der Pappel
       Säuseln umweht, auf der Insel schlummert.

An die Ehre

Einst war ich ruhig, schlummerte sorgenfrei
   Am stillen Moosquell, träumte von Stellas Kuß –
     Da riefst du, daß der Waldstrom stille
       Stand und erbebte, vom Eichenwipfel –

Auf sprang ich, fühlte taumelnd die Zauberkraft,
   Hin flog mein Atem, wo sie den Lieblingen
     Die schweißbetraufte Stirn im Haine
       Kühlend, die Eich und die Palme spendet.

Umdonnert Meereswogen die einsame
   Gewagte Bahn! euch höhnet mein kühnes Herz,
     Ertürmt euch Felsen ihr ermüdet
       Nie den geflügelten Fuß des Sängers.

So rief ich – stürzt' im Zauber des Aufrufs hin –
   Doch ha! der Täuschung – wenige Schritte sinds!
     Bemerkbar kaum! und Hohn der Spötter,
       Freude der Feigen umzischt den Armen.

Ach! schlummert' ich am murmelnden Moosquell noch,
   Ach! träumt' ich noch von Stellas Umarmungen.
      Doch nein! bei Mana* nein! auch Streben
         Ziert, auch der Schwächeren Schweiß ist edel.

Einst und Jetzt

Einst, tränend Auge! sahst du so hell empor!
   Einst schlugst du mir so ruhig, empörtes Herz!
      So, wie die Wallungen des Bächleins
         Wo die Forell' am Gestade hinschlüpft.

Einst in des Vaters Schoße, – des liebenden
   Geliebten Vaters – aber der Würger kam
      Wir weinten, flehten, doch der Würger
         Schnellte den Pfeil; und es sank die Stütze!

Ha! du gerechte Vorsicht! so bald begann
   Der Sturm, so bald? – Doch – straft mich des Undanks nicht,
      Ihr Stunden meiner Knabenfreude
         Stunden des Spiels und des Ruhelächelns!

Ich seh' euch wieder – herrlicher Augenblick!
   Da füttert' ich mein Hühnchen, da pflanzt' ich Kohl
      Und Nelken – freute so des Frühlings
         Mich und der Ernt', und des Herbstgewimmels.

Da sucht' ich Maienblümchen im Walde mir,
   Da wälzt' ich mich im duftenden Heu' umher,
      Da brockt' ich Milch mit Schnittern ein, da
         Schleudert' ich Schwärmer am Rebenberge.

Und o! wie warm, wie hing ich so warm an euch
   Gespielen meiner Einfalt, wie stürmten wir
      In offner Feldschlacht, lehrten uns den
         Strudel durchschwimmen, die Eich' ersteigen?

---

*   auch Mannus, Sohn des ‚Germanengründers‘.

Jetzt wandl' ich einsam an dem Gestade hin,
   Ach keine Seele keine für dieses Herz?
      Ihr frohen Reigen? Aber weh dir
         Sehnender Jüngling! sie gehn vorüber!

Zurück denn in die Zelle, Verachteter!
   Zurück zur Kummerstätte, wo schlaflos du
      So manche Mitternächte weintest
         Weintest im Durste nach Lieb' und Lorbeer.

Lebt wohl, ihr güldnen Stunden vergangner Zeit,
   Ihr lieben Kinderträume von Größ' und Ruhm,
      Lebt wohl, lebt wohl ihr Spielgenossen,
         Weint um den Jüngling er ist verachtet!

Selbstquälerei

Ich hasse mich! es ist ein ekles Ding
Des Menschen Herz, so kindischschwach, so stolz,
So freundlich wie Tobias Hündlein ist,
Und doch so hämisch wieder! weg! ich hasse mich!
So schwärmerisch wenn es des Dichters Flamme wärmt,
Und ha wenn sich ein freundeloser Junge
An unsre Seite schmiegt, so stolz so kalt!
So fromm, wenn uns des Lebens Sturm
Den Nacken beugt,

UNERSCHÖPFLICH IST DER SCHÖNHEIT FÜLLE

Gedichte 1790–1795

Lied der Freundschaft

Zweite Fassung

Wie der Held am Siegesmahle
Ruhen wir um die Pokale
Wo der edle Wein erglüht,
Feurig Arm in Arm geschlungen
Trunken von Begeisterungen
Singen wir der Freundschaft Lied.

Schwebt herab aus kühlen Lüften
Schwebet aus den Schlummergrüften
Helden der Vergangenheit!
Kommt in unsern Kreis hernieder
Staunt und sprecht: da ist sie wieder
Unsre deutsche Herzlichkeit!

Uns ist Wonne, Gut und Leben
Für den Edlen hinzugeben,
Der für unser Herz gehört,
Der zu groß, in stolzen Reigen
Sich vor eitlem Tand zu beugen,
Gott und Vaterland nur ehrt.

Schon erhebt das Herz sich freier,
Wärmer reicht zur frohen Feier
Schon der Freund den Becher dar,
Ohne Freuden, ohne Leben
Kostet' er den Saft der Reben,
Als er ohne Freunde war.

Bruder! schleichen bang und trübe
Deine Tage? beugt der Liebe
Folterpein das Männerherz?
Stürzt im heißen Durst nach Ehre
Dir um Mitternacht die Zähre?
Bruder segne deinen Schmerz!

Könnten wir aus Götterhänden
Freuden dir und Leiden spenden
Ferne wärst du da von Harm
Weiser ist der Gott der Liebe
Sorgen gibt er bang und trübe,
Freunde gibt er treu und warm.

Stärke, wenn Verleumder schreien
Wahrheit, wenn Despoten dräuen,
Männermut im Mißgeschick
Duldung, wenn die Schwachen sinken
Liebe, Duldung, Wärme trinken
Freunde von des Freundes Blick.

Lieblich, wie der Sommerregen
Reich, wie er, an Erntesegen
Wie die Perle klar und hell,
Still, wie Edens Ströme gleiten,
Endlos, wie die Ewigkeiten
Fleußt der Freundschaft Silberquell.

Drum, so wollen, eh die Freuden
Trennungen und Tode neiden
Wir im hehren Eichenhain
Oder unter Frühlingsrosen
Wenn am Becher Weste kosen
Würdig uns der Freundschaft freu'n.

Rufet aus der trauten Halle
Auch die Auserwählten alle
In die Ferne das Geschick,
Bleibt, auf freundelosen Pfaden
Hinzugeh'n mit Schmerz beladen
Tränend Einer nur zurück.

Wankt er nun in Winterstürmen
Wankt er, wo sich Wolken türmen
Ohne Leiter, ohne Stab;
Lauscht er abgebleicht und düster
Bangem Mitternachtsgeflüster
Ahndungsvoll am frischen Grab;

O da kehren all die Stunden
Lächelnd, wie sie hingeschwunden
Unter Schwüren, wahr und warm,
Still und sanft, wie Blumen sinken
Ruht er, bis die Väter winken
Dir, Erinnerung! im Arm.

Rauscht ihm dann des Todes Flügel,
Schläft er ruhig unter'm Hügel
Wo sein Bund den Kranz ihm flicht
In den Locken seiner Brüder
Säuselt noch sein Geist hernieder
Lispelt leis: vergeßt mich nicht!

Lied der Liebe

Zweite Fassung

Engelfreuden ahndend, wallen
Wir hinaus auf Gottes Flur,
Daß von Jubel widerhallen
Höh'n und Tiefen der Natur.
Heute soll kein Auge trübe,
Sorge nicht hienieden sein,
Jedes Wesen soll der Liebe
Frei und froh, wie wir, sich weih'n!

Singt den Jubel, Schwestern, Brüder,
Fest geschlungen, Hand in Hand!
Hand in Hand das Lied der Lieder,
Selig an der Liebe Band!
Steigt hinauf am Rebenhügel,
Blickt hinab ins Schattental!
Überall der Liebe Flügel,
Hold und herrlich überall!

Liebe lehrt das Lüftchen kosen
Mit den Blumen auf der Au,
Lockt zu jungen Frühlingsrosen

Aus der Wolke Morgentau,
Liebe ziehet Well' an Welle
Freundlich murmelnd näher hin,
Leitet aus der Kluft die Quelle
Sanft hinab ins Wiesengrün.

Berge knüpft mit ehrner Kette
Liebe an das Firmament,
Donner ruft sie an die Stätte,
Wo der Sand die Pflanze brennt.
Um die hehre Sonne leitet
Sie die treuen Sterne her,
Folgsam ihrem Winke gleitet
Jeder Strom ins weite Meer.

Liebe wallt durch Ozeane,
Durch der dürren Wüste Sand
Blutet an der Schlachtenfahne,
Steigt hinab ins Totenland!
Liebe trümmert Felsen nieder,
Zaubert Paradiese hin,
Schaffet Erd und Himmel wieder –
Göttlich, wie im Anbeginn.

Liebe schwingt den Seraphsflügel
Wo der Gott der Götter thront,
Lohnt die Trän' am Felsenhügel,
Wann der Richter einst belohnt,
Wann die Königsstühle trümmern,
Hin ist jede Scheidewand,
Biedre Herzen heller schimmern
Reiner, denn der Krone Tand.

Laßt die Scheidestunde schlagen,
Laß des Würgers Flügel weh'n!
Brüder, drüben wird es tagen!
Schwestern, dort ist Wiedersehn!
Jauchzt dem Heiligsten der Triebe,
Den der Gott der Götter gab,
Brüder, Schwestern, jauchzt der Liebe,
Sie besieget Zeit und Grab!

Hymne an die Unsterblichkeit

Froh, als könnt' ich Schöpfungen beglücken,
Stolz, als huldigten die Sterne mir,
Fleugt, ins Strahlenauge dir zu blicken,
Mit der Liebe Kraft mein Geist zu dir.
Schon erglüht dem wonnetrunknen Seher
Deiner Halle gold'nes Morgenrot;
Ha, und deinem Götterschoße näher
Höhnt die Siegesfahne Grab und Tod.

Mich umschimmern Orionenheere,
Stolz ertönet der Plejaden Gang.
Ha, sie wähnen, Ewigkeiten währe
Ihrer Pole wilder Donnerklang.
Majestätisch auf dem Flammenwagen
Durchs Gefild' der Unermeßlichkeit,
Seit das Chaos kreiste, fortgetragen,
Heischt sich Helios Unsterblichkeit.

Auch die Riesen dort im Gräberlande,
Felsgebirg' und Sturm und Ozean,
Wähnen endlos ihrer Schöpfung Bande,
Wurzelnd in dem ew'gen Weltenplan;
Doch es nahen die Vernichtungsstunden,
Wie des Siegers Klinge, schrecklichschön. –
Erd' und Himmel ist dahin geschwunden,
Schnell, wie Blitze kommen und vergeh'n.

Aber kehre, strahlendes Gefieder,
Zu der Halle, wo das Leben wohnt!
Triumphiere, triumphiere wieder,
Siegesfahne, wo die Göttin thront!
Wenn die Pole schmettern, Sonnen sinken
In den Abgrund der Vergangenheit,
Wird die Seele Siegeswonne trinken,
Hocherhaben über Grab und Zeit.

Ach, wie oft in grausen Mitternächten,
Wenn die heiße Jammerträne rann,
Wenn mit Gott und Schicksal schon zu rechten
Der verzweiflungsvolle Mensch begann,
Blicktest du aus trüber Wolkenhülle
Tröstend nieder auf den Schmerzenssohn!
Drüben, riefst du liebevoll und stille,
Drüben harrt des Dulders schöner Lohn.

Müßte nicht der Mensch des Lebens fluchen,
Nicht die Tugend auf der Dornenbahn
Trost im Arme der Vernichtung suchen,
Täuschte sie ein lügenhafter Wahn?
Trümmern möchte der Natur Gesetze
Menschenfreiheit, möcht' in blinder Wut,
Wie die Reue die gestohlnen Schätze,
Niederschmettern ihr ererbtes Gut.

Aber nein, so wahr die Seele lebet,
Und ein Gott im Himmel oben ist,
Und ein Richter, dem die Hölle bebet,
Nein, Unsterblichkeit, du bist, du bist!
Mögen Spötter ihrer Schlangenzungen,
Zweifler ihres Flattersinns sich freu'n,
Der Unsterblichkeit Begeisterungen
Kann die freche Lüge nicht entweih'n.

Heil uns, Heil uns, wenn die freie Seele,
Traulich an die Führerin geschmiegt,
Treu dem hohen göttlichen Befehle,
Jede nied're Leidenschaft besiegt!
Wenn mit tiefem Ernst der Denker spähet
Und durch dich sein Wesen erst begreift,
Weil ihm Lebenslust vom Lande wehet,
Wo das Samenkorn zur Ernte reift!

Wenn im Heiligtume alter Eichen
Männer um der Königin Altar
Sich die Bruderhand zum Bunde reichen,
Zu dem Bunde freudiger Gefahr;
Wenn entzückt von ihren Götterküssen
Jeglicher, des schönsten Lorbeers wert,
Lieb' und Lorbeer ohne Gram zu missen
Zu dem Heil des Vaterlandes schwört!

Wenn die Starken den Despoten wecken,
Ihn zu mahnen an das Menschenrecht,
Aus der Lüste Taumel ihn zu schrecken,
Mut zu predigen dem feilen Knecht!
Wenn in todesvollen Schlachtgewittern,
Wo der Freiheit Heldenfahne weht,
Mutig, bis die müden Arme splittern,
Ruhmumstrahlter Sparter Phalanx steht!

Allgewaltig ist im Gräbertale,
Herrscherin, dein segensvoller Lohn!
Aus der Zukunft zauberischer Schale
Trinkt sich stolzen Mut der Erdensohn.
Hoffend endet er sein Erdenleben,
Um an deiner mütterlichen Hand
Siegestrunken einst empor zu schweben
In der Geister hohes Vaterland:

Wo der Tugend königliche Blume
Unbetastet von dem Wurme blüht,
Wo der Denker in dem Heiligtume
Hell und offen alle Tiefen sieht,
Wo auf Trümmern kein Tyrann mehr thronet,
Keine Fessel mehr die Seele bannt,
Wo den Heldentod die Palme lohnet,
Engelkuß den Tod fürs Vaterland.

Harret eine Weile, Orione!
Schweige, Donner der Plejadenbahn!
Hülle, Sonne, deine Strahlenkrone,
Atme leiser, Sturm und Ozean!
Eilt zu feierlichen Huldigungen,
All ihr großen Schöpfungen der Zeit,
Denn, verloren in Begeisterungen,
Denkt der Seher der Unsterblichkeit!

Siehe! da verstummen Menschenlieder,
Wo der Seele Lust unnennbar ist,
Schüchtern sinkt des Lobgesangs Gefieder,
Wo der Endlichkeit der Geist vergißt.
Wann vor Gott sich einst die Geister sammeln,
Aufzujauchzen ob der Seele Sieg,
Mag Entzückungen der Seraph stammeln,
Wo die trunkne Menschenlippe schwieg.

Hymne an den Genius Griechenlands

Jubel! Jubel
Dir auf der Wolke!
Erstgeborner
Der hohen Natur!
Aus Kronos Halle
Schwebst du herab,
Zu neuen, geheiligten Schöpfungen
Hold und majestätisch herab.

Ha! bei der Unsterblichen
Die dich gebar,
Dir gleichet keiner
Unter den Brüdern
Den Völkerbeherrschern
Den Angebeteten allen!

Dir sang in der Wiege den Weihgesang
Im blutenden Panzer die ernste Gefahr
Zu gerechtem Siege reichte den Stahl
Die heilige Freiheit dir.
Von Freude glühten
Von zaubrischer Liebe deine Schläfe
Die goldgelockten Schläfe.

Lange säumtest du unter den Göttern
Und dachtest der kommenden Wunder.
Vorüber schwebten wie silbern Gewölk
Am liebenden Auge dir
Die Geschlechter alle!
Die seligen Geschlechter.

Im Angesichte der Götter
Beschloß dein Mund
Auf Liebe dein Reich zu gründen.
Da staunten die Himmlischen alle.
Zu brüderlicher Umarmung,
Neigte sein königlich Haupt
Der Donnerer nieder zu dir.
Du gründest auf Liebe dein Reich.

Du kommst und Orpheus Liebe
Schwebet empor zum Auge der Welt
Und Orpheus Liebe
Wallet nieder zum Acheron.
Du schwingest den Zauberstab,
Und Aphroditäs Gürtel ersieht

Der trunkene Mäonide*.
Ha! Mäonide! wie du!
So liebte keiner, wie du;
Die Erd' und Ozean
Und die Riesengeister, die Helden der Erde
Umfaßte dein Herz!
Und die Himmel und alle die Himmlischen

---

*   Homer.

Umfaßte dein Herz.
Auch die Blumen, die Bien' auf der Blume
Umfaßte liebend dein Herz! –

Ach Ilion*! Ilion!
Wie jammertest, hohe Gefallene, du
Im Blute der Kinder!
Nun bist du getröstet, dir scholl
Groß und warm wie sein Herz
Des Mäoniden Lied.

Ha! bei der Unsterblichen
Die dich gebar,
Dich, der du Orpheus Liebe,
Der du schufest Homeros Gesang ...

Hymne an die Göttin der Harmonie

Urania, die glänzende Jungfrau, hält mit ihrem Zaubergürtel das Weltall in tobendem Entzücken zusammen.

*Ardinghello***

Froh, als könnt' ich Schöpfungen beglücken,
Kühn, als huldigten die Geister mir,
Nahet, in dein Heiligtum zu blicken,
Hocherhab'ne! meine Liebe dir;
Schon erglüht der wonnetrunkne Seher
Von den Ahndungen der Herrlichkeit,
Ha, und deinem Götterschoße näher
Höhnt des Siegers Fahne Grab und Zeit.

Tausendfältig, wie der Götter Wille,
Weht Begeisterung den Sänger an,
Unerschöpflich ist der Schönheit Fülle,
Grenzenlos der Hoheit Ozean.
Doch vor Allem hab ich dich erkoren,

---

* Troja.
** Hauptwerk von Johann Jakob Wilhelm Heinse (siehe *Brot und Wein*).

Bebend, als ich ferne dich ersah,
Bebend hab ich Liebe dir geschworen,
Königin der Welt! Urania.

Was der Geister stolzestes Verlangen
In den Tiefen und den Höh'n erzielt,
Hab ich allzumal in dir empfangen,
Sint dich ahndend meine Seele fühlt.
Dir entsprossen Myriaden Leben,
Als die Strahlen deines Angesichts,
Wendest du dein Angesicht, so beben
Und vergeh'n sie, und die Welt ist Nichts.

Thronend auf des alten Chaos Wogen,
Majestätisch lächelnd winktest du,
Und die wilden Elemente flogen
Liebend sich auf deine Winke zu.
Froh der seligen Vermählungsstunde
Schlangen Wesen nun um Wesen sich,
In den Himmeln, auf dem Erdenrunde
Sahst du, Meisterin! im Bilde dich. –

Ausgegossen ist des Lebens Schale,
Bächlein, Sonnen treten in die Bahn,
Liebetrunken schmiegen junge Tale
Sich den liebetrunknen Hügeln an:
Schön und stolz wie Göttersöhne hangen
Felsen an der mütterlichen Brust,
Von der Meere wildem Arm umfangen,
Bebt das Land in niegefühlter Lust.

Warm und leise wehen nun die Lüfte,
Liebend sinkt der holde Lenz ins Tal:
Haine sprossen an dem Felsgeklüfte,
Gras und Blumen zeugt der junge Strahl.
Siehe, siehe, vom empörten Meere,
Von den Hügeln, von der Tale Schoß,
Winden sich die ungezählten Heere
Freudetaumelnder Geschöpfe los.

Aus den Hainen wallt ins Lenzgefilde
Himmlischschön der Göttin Sohn hervor,
Den zum königlichen Ebenbilde
Sie im Anbeginne sich erkor:
Sanftbegrüßt von Paradiesesdüften
Steht er wonniglichen Staunens da,
Und der Liebe großen Bund zu stiften,
Singt entgegen ihm Urania:

„Komm, o Sohn! der süßen Schöpfungsstunde
Auserwählter, komm und liebe mich!
Meine Küsse weihten dich zum Bunde,
Hauchten Geist von meinem Geist in dich. –
Meine Welt ist deiner Seele Spiegel,
Meine Welt, o Sohn! ist Harmonie,
Freue dich! Zum offenbaren Siegel
Meiner Liebe schuf ich dich und sie.

Trümmer ist der Wesen schöne Hülle,
Knüpft sie meiner Rechte Kraft nicht an.
Mir entströmt der Schönheit ew'ge Fülle,
Mir der Hoheit weiter Ozean.
Danke mir der zauberischen Liebe,
Mir der Freude stärkenden Genuß,
Deine Tränen, deine schönsten Triebe
Schuf, oh Sohn! der schöpferische Kuß.

Herrlicher mein Bild in dir zu finden,
Haucht' ich Kräfte dir und Kühnheit ein,
Meines Reichs Gesetze zu ergründen,
Schöpfer meiner Schöpfungen zu sein.
Nur im Schatten wirst du mich erspähen,
Aber liebe, liebe mich, o Sohn!
Drüben wirst du meine Klarheit sehen,
Drüben kosten deiner Liebe Lohn."

Nun, o Geister! in der Göttin Namen,
Die uns schuf im Anbeginn der Zeit,
Uns, die Sprößlinge von ihrem Samen,
Uns, die Erben ihrer Herrlichkeit,

Kommt zu feierlichen Huldigungen
Mit der Seele ganzer Götterkraft,
Mit der höchsten der Begeisterungen
Schwört vor ihr, die schuf und ewig schafft.

Frei und mächtig, wie des Meeres Welle,
Rein wie Bächlein in Elysium,
Sei der Dienst an ihres Tempels Schwelle,
Sei der Wahrheit hohes Priestertum.
Nieder, nieder mit verjährtem Wahne!
Stolzer Lüge Fluch und Untergang,
Ruhm der Weisheit unbefleckter Fahne,
Den Gerechten Ruhm und Siegsgesang!

Ha, der Lüge Quell – wie tot und trübe!
Kräftig ist der Weisheit Quell und süß!
Geister! Brüder! dieser Quell ist Liebe,
Ihn umgrünt der Freuden Paradies.
Von des Erdelebens Tand geläutert,
Ahndet Götterlust der zarte Sinn,
Von der Liebe Labetrunk erheitert,
Naht die Seele sich der Schöpferin.

Geister! Brüder! unser Bund erglühe
Von der Liebe göttlicher Magie.
Unbegrenzte, reine Liebe ziehe
Freundlich uns zur hohen Harmonie.
Sichtbar adle sie die treuen Söhne,
Schaff' in ihnen Ruhe, Mut und Tat,
Und der heiligen Entzückung Träne,
Wenn Urania der Seele naht.

Siehe, Stolz und Hader ist vernichtet,
Trug ist nun und blinde Lüge stumm,
Streng' ist Licht und Finsternis gesichtet,
Rein der Wahrheit stilles Heiligtum.
Unsrer Wünsche Kampf ist ausgerungen,
Himmelsruh errang der heiße Streit,
Und die priesterlichen Huldigungen
Lohnet göttliche Genügsamkeit.

Stark und selig in der Liebe Leben
Staunen wir des Herzens Himmel an,
Schnell wie Seraphin im Fluge, schweben
Wir zur hohen Harmonie hinan.
Das vermag die Saite nicht zu künden,
Was Urania den Sehern ist,
Wenn von hinnen Nacht und Wolke schwinden
Und in ihr die Seele sich vergißt.

Kommt den Jubelsang mit uns zu singen,
Denen Liebe gab die Schöpferin!
Millionen, kommt emporzuringen
Im Triumphe zu der Königin!
Erdengötter, werft die Kronen nieder!
Jubelt Millionen fern und nah!
Und ihr Orione hallt es wider:
Heilig, heilig ist Urania!

Hymne an die Muse

Schwach zu königlichem Feierliede,
Schloß ich lang genug geheim und stumm
Deine Freuden, hohe Pieride*!
In des Herzens stilles Heiligtum;
Endlich, endlich soll die Saite künden,
Wie von Liebe mir die Seele glüht,
Unzertrennbarer den Bund zu binden,
Soll dir huldigen dies Feierlied.

Auf den Höh'n, am ernsten Felsenhange,
Wo so gerne mir die Träne rann,
Säuselte die frühe Knabenwange
Schon dein zauberischer Othem an; –
Bin ich, Himmlische, der Göttergnaden?
Königin der Geister, bin ich wert,
Daß mich oft, des Erdetands entladen,
Dein allmächtiges Umarmen ehrt? –

---

*   die Musen, geboren in Pieria am Fuß des Olymps.

Ha! vermöcht' ich nun, dir nachzuringen,
Königin! in deiner Götterkraft
Deines Reiches Grenze zu erschwingen,
Auszusprechen, was dein Zauber schafft! –
Siehe! die geflügelten Äonen
Hält gebieterisch dein Othem an,
Deinem Zauber huldigen Dämonen,
Staub und Äther ist dir untertan.

Wo der Forscher Adlersblicke beben,
Wo der Hoffnung kühner Flügel sinkt,
Keimet aus der Tiefe Lust und Leben,
Wenn die Schöpferin vom Throne winkt;
Seiner Früchte süßestes bereitet
Ihr der Wahrheit grenzenloses Land;
Und der Liebe schöne Quelle leitet
In der Weisheit Hain der Göttin Hand.

Was vergessen wallt an Lethes Strande,
Was der Enkel eitle Ware deckt,
Strahlt heran im blendenden Gewande,
Freundlich von der Göttin auferweckt;
Was in Hütten und in Heldenstaaten
In der göttergleichen Väter Zeit
Große Seelen duldeten und taten,
Lohnt die Muse mit Unsterblichkeit.

Sieh'! am Dornenstrauche keimt die Rose,
So des Lenzes holder Strahl erglüht; –
In der Pieride Mutterschoße
Ist der Menschheit Adel aufgeblüht;
Auf des Wilden krausgelockte Wange
Drückt sie zauberisch den Götterkuß,
Und im ersten glühenden Gesange
Fühlt er staunend geistigen Genuß.

Liebend lächelt nun der Himmel nieder,
Leben atmen alle Schöpfungen,
Und im morgenrötlichen Gefieder
Nahen freundlich die Unsterblichen.

Heilige Begeisterung erbauet
In dem Haine nun ein Heiligtum,
Und im Todesvollen Kampfe schauet
Der Heroë nach Elysium.

Öde stehn und dürre die Gefilde,
Wo die Blüten das Gesetz erzwingt;
Aber wo in königlicher Milde
Ihren Zauberstab die Muse schwingt,
Blühen schwelgerisch und kühn die Saaten,
Reifen, wie der Wandelsterne Lauf,
Schnell und herrlich Hoffnungen und Taten
Der Geschlechter zur Vollendung auf.

Laß der Wonne Zähre dir gefallen!
Laß die Seele des Begeisterten
In der Liebe Taumel überwallen!
Laß, o Göttin! laß mich huldigen! –
Siehe! die geflügelten Äonen
Hält gebieterisch dein Othem an,
Deinem Zauber huldigen Dämonen –
Ewig bin auch ich dir untertan.

Mag der Pöbel seinen Götzen zollen,
Mag, aus deinem Heiligtum verbannt
Deinen Lieblingen das Laster grollen,
Mag, in ihrer Schwäche Schmerz entbrannt,
Stolze Lüge deine Würde schänden,
Und dein Edelstes dem Staube weih'n,
Mag sie Blüte mir und Kraft verschwenden,
Meine Liebe!– dieses Herz ist dein!

In der Liebe volle Lust zerflossen,
Höhnt das Herz der Zeiten trägen Lauf,
Stark und rein im Innersten genossen,
Wiegt der Augenblick Äonen auf; –
Wehe! wem des Lebens schöner Morgen
Freude nicht und trunkne Liebe schafft,
Wem am Sklavenbande bleicher Sorgen
Zum Genusse Kraft und Mut erschlafft.

Deine Priester, hohe Pieride!
Schwingen frei und froh den Pilgerstab,
Mit der allgewaltigen Ägide
Lenkst du mütterlich die Sorgen ab;
Schäumend beut die zauberische Schale
Die Natur den Auserkornen dar,
Trunken von der Schönheit Göttermahle
Höhnet Glück und Zeit die frohe Schar.

Frei und mutig, wie im Siegesliede,
Wallen sie der edeln Geister Bahn,
Dein Umarmen, hohe Pieride!
Flammt zu königlichen Taten an; –
Laßt die Mietlinge den Preis erspähen!
Laßt sie seufzend für die Tugenden,
Für den Schweiß am Joche Lohn erflehen!
Mut und Tat ist Lohn den Edleren!

Ha! von ihr, von ihr emporgehoben
Blickt dem Ziele zu der trunkne Sinn –
Hör' es, Erd' und Himmel! wir geloben,
Ewig Priestertum der Königin!
Kommt zu süßem brüderlichem Bunde,
Denen sie den Adel anerschuf,
Millionen auf dem Erdenrunde!
Kommt zu neuem seligem Beruf!

Ewig sei ergrauter Wahn vergessen!
Was der reinen Geister Aug' ermißt,
Hoffe nie die Spanne zu ermessen! –
Betet an, was schön und herrlich ist!
Kostet frei, was die Natur bereitet,
Folgt der Pieride treuen Hand,
Geht, wohin die reine Liebe leitet,
Liebt und sterbt für Freund und Vaterland!

Hymne an die Freiheit

Wie den Aar im grauen Felsenhange
Wildes Sehnen zu der Sterne Bahn,
Flammt zu majestätischem Gesange
Meiner Freuden Ungestüm mich an;
Ha! das neue niegenoss'ne Leben
Schaffet neuen glühenden Entschluß!
Über Wahn und Stolz emporzuschweben,
Süßer unaussprechlicher Genuß!

Sint dem Staube mich ihr Arm entrissen,
Schlägt das Herz so kühn und selig ihr;
Angeflammt von ihren Götterküssen
Glühet noch die heiße Wange mir;
Jeder Laut von ihrem Zaubermunde
Adelt noch den neugeschaff'nen Sinn –
Hört, o Geister! meiner Göttin Kunde,
Hört, und huldiget der Herrscherin!

„Als die Liebe noch im Schäferkleide
Mit der Unschuld unter Blumen ging,
Und der Erdensohn in Ruh' und Freude
Der Natur am Mutterbusen hing,
Nicht der Übermut auf Richterstühlen
Blind und fürchterlich das Band zerriß;
Tauscht' ich gerne mit der Götter Spielen
Meiner Kinder stilles Paradies.

Liebe rief die jugendlichen Triebe
Schöpferisch zu hoher stiller Tat,
Jeden Keim entfaltete der Liebe
Wärm' und Licht zu schwelgerischer Saat;
Deine Flügel, hohe Liebe! trugen
Lächelnd nieder die Olympier;
Jubeltöne klangen – Herzen schlugen
An der Götter Busen göttlicher.

Freundlich bot der Freuden süße Fülle
Meinen Lieblingen die Unschuld dar;
Unverkennbar in der schönen Hülle
Wußte Tugend nicht, wie schön sie war;
Friedlich hausten in der Blumenhügel
Kühlem Schatten die Genügsamen –
Ach! des Haders und der Sorge Flügel
Rauschte ferne von den Glücklichen.

Wehe nun! – mein Paradies erbebte!
Fluch verhieß der Elemente Wut!
Und der Nächte schwarzem Schoß' entschwebte
Mit des Geiers Blick der Übermut;
Wehe! weinend floh' ich mit der Liebe
Mit der Unschuld in die Himmel hin –
Welke, Blume! rief ich ernst und trübe,
Welke, nimmer, nimmer aufzublüh'n!

Keck erhub sich des Gesetzes Rute,
Nachzubilden, was die Liebe schuf;
Ach! gegeißelt von dem Übermute
Fühlte keiner göttlichen Beruf;
Vor dem Geist in schwarzen Ungewittern,
Vor dem Racheschwerte des Gerichts
Lernte so der blinde Sklave zittern,
Frönt' und starb im Schrecken seines Nichts.

Kehret nun zu Lieb' und Treue wieder –
Ach! es zieht zu langentbehrter Lust
Unbezwinglich mich die Liebe nieder –
Kinder! kehret an die Mutterbrust!
Ewig sei vergessen und vernichtet,
Was ich zürnend vor den Göttern schwur;
Liebe hat den langen Zwist geschlichtet,
Herrschet wieder! Herrscher der Natur!"

Froh und göttlichgroß ist deine Kunde,
Königin! dich preise Kraft und Tat!
Schon beginnt die neue Schöpfungsstunde,
Schon entkeimt die segenschwang're Saat:

Majestätisch, wie die Wandelsterne,
Neuerwacht am off'nen Ozean,
Strahlst du uns in königlicher Ferne,
Freies kommendes Jahrhundert! an.

Staunend kennt der große Stamm sich wieder,
Millionen knüpft der Liebe Band;
Glühend steh'n, und stolz, die neuen Brüder,
Stehn und dulden für das Vaterland;
Wie der Efeu, treu und sanft umwunden,
Zu der Eiche stolzen Höh'n hinauf,
Schwingen, ewig brüderlich verbunden,
Nun am Helden Tausende sich auf.

Nimmer beugt, vom Übermut belogen,
Sich die freie Seele grauem Wahn;
Von der Muse zarter Hand erzogen
Schmiegt sie kühn an Göttlichkeit sich an;
Götter führt in brüderlicher Hülle
Ihr die zauberische Muse zu
Und gestärkt in reiner Freuden Fülle,
Kostet sie der Götter stolze Ruh!

Froh verhöhnt das königliche Leben
Deine Taumel, niedre feige Lust!
Der Vollendung Ahndungen erheben
Über Glück und Zeit die stolze Brust. –
Ha! getilget ist die alte Schande!
Neuerkauft das angestammte Gut!
In dem Staube modern alle Bande,
Und zur Hölle flieht der Übermut!

Dann am süßen heißerrungnen Ziele,
Wenn der Ernte großer Tag beginnt,
Wenn verödet die Tirannenstühle,
Die Tirannenknechte Moder sind,
Wenn im Heldenbunde meiner Brüder
Deutsches Blut und deutsche Liebe glüht;
Dann, o Himmelstochter! sing' ich wieder,
Singe sterbend dir das letzte Lied.

Hymne an die Menschheit

Les bornes du possible dans les choses morales sont moins étroites, que nous ne pensons. Ce sont nos foiblesses, nos vices, nos préjugés, qui les rétrécissent. Les ames basses ne croient point aux grands hommes: de vils esclaves sourient d'un air moqueur à ce mot de liberté.*

J. J. Rousseau

Die ernste Stunde hat geschlagen;
Mein Herz gebeut; erkoren ist die Bahn!
Die Wolke fleucht, und neue Sterne tagen,
Und Hesperidenwonne lacht mich an!
Vertrocknet ist der Liebe stille Zähre,
Für dich geweint, mein brüderlich Geschlecht!
Ich opfre dir; bei deiner Väter Ehre!
Beim nahen Heil! das Opfer ist gerecht.

Schon wölbt zu reinerem Genusse
Dem Auge sich der Schönheit Heiligtum;
Wir kosten oft, von ihrem Mutterkusse
Geläutert und gestärkt, Elysium;
Des Schaffens süße Lust, wie sie, zu fühlen,
Belauscht sie kühn der zartgewebte Sinn,
Und magisch tönt von unsern Saitenspielen
Die Melodie der ernsten Meisterin.

Schon lernen wir das Band der Sterne,
Der Liebe Stimme männlicher versteh'n,
Wir reichen uns die Bruderrechte gerne,
Mit Heereskraft der Geister Bahn zu geh'n;
Schon höhnen wir des Stolzes Ungebärde,
Die Scheidewand, von Flittern aufgebaut;
Und an des Pflügers unentweihtem Herde
Wird sich die Menschheit wieder angetraut.

---

* Die Grenzen des Möglichen sind in der geistigen Welt weniger eng, als wir denken. Es sind unsere Schwächen, unsere Laster, unsere Vorurteile, die sie eng machen. Die niederen Seelen glauben nicht an große Männer: Gemeine Sklaven lächeln mit spöttischer Miene bei dem Wort Freiheit. (Jean-Jacques Rousseau, *Gesellschaftsvertrag*).

Schon fühlen an der Freiheit Fahnen
Sich Jünglinge, wie Götter, gut und groß,
Und, ha! die stolzen Wüstlinge zu mahnen,
Bricht jede Kraft von Bann und Kette los;
Schon schwingt er kühn und zürnend das Gefieder,
Der Wahrheit unbesiegter Genius,
Schon trägt der Aar des Rächers Blitze nieder,
Und donnert laut, und kündet Siegsgenuß.

So wahr, von Giften unbetastet,
Elysens Blüte zur Vollendung eilt,
Der Heldinnen, der Sonnen keine rastet,
Und Orellana nicht im Sturze weilt!
Was unsre Lieb' und Siegeskraft begonnen,
Gedeih't zu üppiger Vollkommenheit;
Der Enkel Heer geneußt der Ernte Wonnen;
Uns lohnt die Palme der Unsterblichkeit.

Hinunter dann mit deinen Taten,
Mit deinen Hoffnungen, o Gegenwart!
Von Schweiß betaut, entkeimten unsre Saaten!
Hinunter dann, wo Ruh' der Kämpfer harrt!
Schon geh't verherrlichter aus unsern Grüften
Die Glorie der Endlichkeit hervor;
Auf Gräbern hier Elysium zu stiften,
Ringt neue Kraft zu Göttlichem empor.

In Melodie den Geist zu wiegen,
Ertönet nun der Saite Zauber nur;
Der Tugend winkt zu gleichen Meisterzügen
Die Grazie der göttlichen Natur;
In Fülle schweben lesbische Gebilde,
Begeisterung, vom Segenshorne dir!
Und in der Schönheit weitem Lustgefilde
Verhöhnt das Leben knechtische Begier.

Gestärkt von hoher Lieb' ermüden
Im Fluge nun die jungen Aare nie,
Zum Himmel führt die neuen Tyndariden*
Der Freundschaft allgewaltige Magie;
Veredelt schmiegt an tatenvoller Greise
Begeisterung des Jünglings Flamme sich;
Sein Herz bewahrt der lieben Väter Weise,
Wird kühn, wie sie, und froh und brüderlich.

Er hat sein Element gefunden,
Das Götterglück, sich eig'ner Kraft zu freu'n;
Den Räubern ist das Vaterland entwunden,
Ist ewig nun, wie seine Seele, sein!
Kein eitel Ziel entstellt die Göttertriebe,
Ihm winkt umsonst der Wollust Zauberhand;
Sein höchster Stolz und seine wärmste Liebe,
Sein Tod, sein Himmel ist das Vaterland.

Zum Bruder hat er dich erkoren,
Geheiliget von deiner Lippe Kuß
Unwandelbare Liebe dir geschworen,
Der Wahrheit unbesiegter Genius!
Emporgereift in deinem Himmelslichte,
Strahlt furchtbarherrliche Gerechtigkeit,
Und hohe Ruh' vom Heldenangesichte –
Zum Herrscher ist der Gott in uns geweih't.

So jubelt, Siegsbegeisterungen!
Die keine Lipp' in keiner Wonne sang;
Wir ahndeten – und endlich ist gelungen,
Was in Äonen keiner Kraft gelang –
Vom Grab' ersteh'n der alten Väter Heere,
Der königlichen Enkel sich zu freu'n;
Die Himmel kündigen des Staubes Ehre,
Und zur Vollendung geht die Menschheit ein.

---

* Kastor und Pollux, die Dioskuren.

Hymne an die Schönheit

Zweite Fassung

Die Natur in ihren schönen Formen spricht figürlich zu uns, und die Auslegungsgabe ihrer Chiffernschrift ist uns im moralischen Gefühl verliehen.[*]

Kant

Hat vor aller Götter Ohren
Zauberische Muse! dir
Treue bis zu Orkus Toren
Meine Seele nicht geschworen?
Lachte nicht dein Auge mir?
Ha! so wall' ich ohne Beben,
Durch die Liebe froh und kühn,
Zu den ernsten Höhen hin,
Wo in ewig jungem Leben
Kränze für den Sänger blüh'n.

Waltend über Orionen,
Wo der Pole Klang verhallt,
Lacht vollendeter Dämonen
Priesterlichen Dienst zu lohnen,
Schönheit in der Urgestalt;
Dort im Glanze mich zu sonnen,
Dort der Schöpferin zu nah'n,
Flammet stolzer Wunsch mich an,
Denn mit hohen Siegeswonnen
Lohnet sie die kühne Bahn.

Reinere Begeisterungen
Trinkt die freie Seele schon;
Meines Lebens Peinigungen
Hat die neue Lust verschlungen,
Nacht und Wolke sind entfloh'n;
Wenn im schreckenden Gerichte
Schnell der Welten Achse bricht –
Hier erbleicht die Freude nicht,
Wo von ihrem Angesichte
Lieb' und stille Größe spricht.

---

[*]   Paraphrase von Kants *Kritik der Urteilskraft* § 42.

Stiegst du so zur Erde nieder,
Königin im Lichtgewand'!
Ha! der Staub erwachte wieder,
Und des Kummers morsch Gefieder
Schwänge sich in's Jubelland;
Durch der Liebe Blick genesen
Freut' und küßte brüderlich
Groll und wilder Hader sich;
Jubelnd fühlten alle Wesen
Auf erhöhter Stufe dich.

Schon im grünen Erdenrunde
Schmeckt' ich hohen Vorgenuß;
Bebend dir am Göttermunde,
Trank ich früh der Weihestunde
Süßen mütterlichen Kuß;
Fremde meinem Kindersinne
Folgte mir zu Wies' und Wald
Die arkadische Gestalt –
Ha! und staunend ward ich inne
Ihres Zaubers Allgewalt.

In den Tiefen und den Höhen
Ihrer Tochter, der Natur,
Fand ich, Wonne zu erspähen
Von der Holdin ausersehen,
Rein und trunken ihre Spur;
Wo das Tal der Tannenhügel
Freundlich in die Arme schloß,
Wo die Quelle niederfloß
In dem blauen Wasserspiegel,
Fühlt' ich selig mich und groß. –

Lächle, Grazie der Wange!
Götterauge, rein und mild!
Leihe, daß er leb' und prange
Deinen Adel dem Gesange,
Meiner Antiphile* Bild. –

---

*   Name bei Terenz und Hemsterhuis.

Mutter! dich erspäht der Söhne
Kühne Liebe fern und nah;
Schon im holden Schleier sah,
Schon in Antiphilens Schöne
Kannt' ich dich, Urania!

Siehe! mild, wie du, erlaben
Sinn und Herz dem Endlichen,
Über Preis und Lohn erhaben,
Deiner Priester Wundergaben,
Deiner Söhne Schöpfungen;
Ha! mit tausend Huldigungen
Glühend, wie sich Jachus freut,
Kost' ich eurer Göttlichkeit,
Söhne der Begeisterungen!
Kost' und jauchze Trunkenheit.

Schar, zu kühnem Ziel' erkoren!
Still und mächtig Priestertum!
Lieblinge! von euch beschworen,
Blüht im Kreise güldner Horen*,
Wo ihr wallt, Elysium; –
O! so lindert, ihr Geweihten!
Der gedrückten Brüder Last!
Seid der Tyrannei verhaßt!
Kostet *eurer* Seligkeiten!
Darbet, wo der Schmeichler praßt!

Ha! die schönsten Keim' entfalten
In der Priester Dienste sich; –
Freuden, welche nie veralten,
Lächeln, wo die Götter walten –
Diese Freuden ahndet' ich!
Hier im Glanze mich zu sonnen,
Hier der Schöpferin zu nah'n,
Flammte stolzer Wunsch mich an,
Und mit hohen Siegeswonnen
Lohnet sie die kühne Bahn.

---

* Göttinnen der Jahreszeiten.

Feiert, wie an Hochaltären
Dieser Geister lichte Schar,
Brüder! bringt der Liebe Zähren,
Bringt, die Göttliche zu ehren,
Mut und Tat zum Opfer dar!
Huldiget! von diesem Throne
Donnert ewig kein Gericht,
Ihres Reiches süße Pflicht
Kündet sie im Muttertone –
Hört! die Götterstimme spricht:

„Mahnt im seligen Genieße,
Mahnet nicht, am Innern sie
Nachzubilden, jede süße
Stelle meiner Paradiese,
Jede Weltenharmonie?
Mein ist, wem des Bildes Adel
Zauberisch das Herz verschönt,
Daß er niedre Gier verhöhnt,
Und im Leben ohne Tadel
Reine Götterlust ersehnt.

Was im eisernen Gebiete
Mühsam das Gesetz erzwingt,
Reift, wie Hesperidenblüte,
Schnell zu wandelloser Güte,
So mein Strahl an's Innre dringt;
Knechte, vom Gesetz gedungen,
Heischen ihrer Mühe Lohn;
Meiner Gottheit großen Sohn
Lohnt der treuen Huldigungen,
Lohnt der Liebe Wonne schon.

Rein, wie diese Sterne klingen,
Wie melodisch himmelwärts
Auf der kühnen Freude Schwingen
Süße Preisgesänge dringen,
Naht sich mir des Sohnes Herz:
Schöner blüht der Liebe Rose!
Ewig ist die Klage stumm!

Aus des Geistes Heiligtum',
Und, Natur! in deinem Schoße
Lächelt ihm Elysium."

Hymne an die Freundschaft

An Neuffer und Magenau*

Rings in schwesterlicher Stille
Lauscht die blühende Natur;
Aus des kühnen Herzens Fülle
Tönt des Bundes Stimme nur;
Leise rauscht's im Eichenhaine
Nie gefühlte Lüfte weh'n,
Wo in höhrem Sternenscheine
Wir das ernste Fest begeh'n.

Ha! in süßem Wohlgefallen
Säuselt hier der Väter Schar,
Abgeschiedne Freunde wallen
Lächelnd um den Moosaltar;
Und der hellen Tyndariden
Brüderliches Auge lacht
Froh wie wir in deinem Frieden,
Schöne feierliche Nacht!

Heiliger und reiner tönte
Dieser Herzen Jubel nie,
Unter Schwur und Kuß verschönte,
Freundschaft! deine Milde sie;
Zürne nicht der Wonne Zähren!
Laß, o laß uns huldigen,
Schönste von Olympos Heeren,
Krone der Unsterblichen!

---

* Christian Ludwig Neuffer, 1769–1839, enger Freund Hölderlins; Rudolf
Magenau, 1767–1846, Freund und Mitschüler Hölderlins in Denkendorf,
Maulbronn und im Tübinger Stift.

Als der Geister Wunsch gelungen,
Und gereift die Stunde war,
Da von Ares' Arm umschlungen,
Cytherea* dich gebar;
Als die Heldin ohne Tadel
Nun der Erde Sohn so nah',
Staunend in des Vaters Adel,
In der Mutter Gürtel sah';

Da begann zu Sonnenhöhen
Nie versuchten Adlerflug,
Was von Göttern ausersehen
Kraft und Lieb' im Busen trug;
Stolzer hub des Sieges Flügel,
Rosiger der Friede sich;
Jauchzend um die Blumenhügel
Grüßte Gram und Sorge dich.

Blutend trug die Siegesfahne,
In der Stürme Donner schwamm
Durch die wilden Ozeane,
Wer aus deinem Schoße kam;
Deiner Riesen Wehre klangen
Bis hinab zur alten Nacht –
Ha! des Orkus Tore sprangen,
Zitternd deiner Zaubermacht!

Trunken, wie von Hebe's** Schale,
Kos'ten sie in süßer Rast
Am ersehnten Opfermahle
Nach der schwülen Tage Last;
Göttern glich der Freunde Rächer,
Wenn die stolze Zähre sank
In den vollen Labebecher,
Den er seinem Siege trank.

---

*   Aphrodite.
** Göttin der Jugend.

Liebend stieg die Muse nieder,
Als sie in Arkadia
Dich im göttlichen Gefieder
Schwebend um die Schäfer sah';
Mutter! Herz und Lippe brannten,
Feierten im Liede dich,
Und am süßen Laute kannten
Jubelnd deine Söhne sich. –

Ha! in deinem Schoße schwindet
Jede Sorg' und fremde Lust;
Nur in deinem Himmel findet
Sättigung die wilde Brust;
Frommen Kindersinnes wiegen
Sich im Schoße der Natur –
Über Stolz und Lüge siegen
Deine Auserwählten nur. –

Dank, o milde Segensrechte!
Für die Wonn' und Heiligkeit,
Für der hohen Bundesnächte
Süße kühne Trunkenheit;
Für des Trostes Melodien,
Für der Hoffnung Labetrank,
Für die tausend Liebesmühen
Weinenden entflammten Dank!

Siehe, Frücht' und Äste fallen,
Felsen stürzt der Zeitenfluß;
Freundlich winkt zu Minos Hallen
Bald der stille Genius;
Doch es lebe, was hienieden
Schönes, göttliches verblüht,
Hier, o Brüder! Tyndariden!
Wo die reine Flamme glüh't. –

Ha! die frohen Geister ringen
Zur Unendlichkeit hinan,
Tiefer ahndungsvoller dringen
Wir in diesen Ozean!

Hin zu deiner Wonne schweben
Wir aus Sturm und Dämmerung,
Du, der Myriaden Leben
Heilig Ziel! Vereinigung!

Wo in seiner Siegesfeier
Götterlust der Geist genießt,
Süßer, heiliger und freier
Seel' in Seele sich ergießt,
Wo in's Meer die Ströme rinnen,
Singen bei der Pole Klang
Wir der Geisterköniginnen
Schönster einst Triumphgesang.

Hymne an die Liebe

Froh der süßen Augenweide
Wallen wir auf grüner Flur;
Unser Priestertum ist Freude,
Unser Tempel die Natur; –
Heute soll kein Auge trübe,
Sorge nicht hienieden sein!
Jedes Wesen soll der Liebe,
Frei und froh, wie wir, sich freu'n!

Höhnt im Stolze, Schwestern, Brüder!
Höhnt der scheuen Knechte Tand!
Jubelt kühn das Lied der Lieder,
Festgeschlungen Hand in Hand!
Steigt hinauf am Rebenhügel,
Blickt hinab ins weite Tal!
Überall der Liebe Flügel,
Hold und herrlich überall!

Liebe bringt zu jungen Rosen
Morgentau von hoher Luft,
Lehrt die warmen Lüfte kosen
In der Maienblume Duft;
Um die Orione leitet
Sie die treuen Erden her,

Folgsam ihrem Winke, gleitet
Jeder Strom in's weite Meer;

An die wilden Berge reihet
Sie die sanften Täler an,
Die entbrannte Sonn' erfreuet
Sie im stillen Ozean;
Siehe! mit der Erde gattet
Sich des Himmels heil'ge Lust,
Von den Wettern überschattet
Bebt entzückt der Mutter Brust.

Liebe wallt durch Ozeane,
Höhnt der dürren Wüste Sand,
Blutet an der Siegesfahne
Jauchzend für das Vaterland;
Liebe trümmert Felsen nieder,
Zaubert Paradiese hin –
Lächelnd kehrt die Unschuld wieder,
Göttlichere Lenze blüh'n.

Mächtig durch die Liebe, winden
Von der Fessel wir uns los,
Und die trunknen Geister schwinden
Zu den Sternen, frei und groß!
Unter Schwur und Kuß vergessen
Wir die träge Flut der Zeit,
Und die Seele naht vermessen
Deiner Lust, Unendlichkeit!

Hymne an den Genius der Jugend

Heil! das schlummernde Gefieder
Ist zu neuem Flug' erwacht,
Triumphierend fühl' ich wieder
Lieb' und stolze Geistesmacht;
Siehe! deiner Himmelsflamme,
Deiner Freud' und Stärke voll,
Herrscher in der Götter Stamme!
Sei der kühnen Liebe Zoll.

Ha! der brüderlichen Milde,
So von deiner Stirne spricht!
Solch' harmonisches Gebilde
Weidete kein Auge nicht;
Wie um ihn die Aare schweben,
Wie die Lock' im Fluge weht! –
Wo im ungemeßnen Leben
Lebt so süße Majestät?

Lächelnd sah' der Holde nieder
Auf die winterliche Flur,
Und sie lebt und liebet wieder
Die entschlummerte Natur;
Um die Hügel und die Tale
Jauchz' ich nun im Vollgenuß,
Über deinem Freudenmahle,
Königlicher Genius!

Ha! wie diese Götteraue
Wieder lächelt und gedeiht!
Alles, was ich fühl' und schaue,
Eine Lieb' und Seligkeit!
Felsen hat der Falk' erschwungen,
Sich, wie dieses Herz, zu freu'n,
Und, von gleicher Kraft durchdrungen,
Strebt und rauscht der Eichenhain.

Unter liebendem Gekose
Schmieget Well' an Welle sich;
Liebend fühlt die süße Rose,
Fühlt die heil'ge Myrte dich;
Tausend frohe Leben winden
Schüchtern sich um Tellus' Brust,
Und dem blauen Äther künden
Tausend Jubel deine Lust.

---

* Erde.

Doch des Herzens schöne Flamme,
Die mir deine Huld verlieh,
Herrscher in der Götter Stamme!
Süßer, stolzer fühl' ich sie;
Deine Frühlinge verblühten,
Manch' Geliebtes welkte dir; –
Wie vor Jahren sie erglühten,
Glühen Herz und Stirne mir.

O! du lohnst die stille Bitte
Noch mit innigem Genuß,
Leitest noch des Pilgers Tritte
Zu der Freude Götterkuß;
Mit der Balsamtropfe kühlen
Hoffnungen die Wunde doch,
Süße Täuschungen umspielen
Doch die dürren Pfade noch.

Jedem Adel hingegeben,
Jeder lesbischen Gestalt,
Huldiget das trunkne Leben
Noch der Schönheit Allgewalt;
Törig hab' ich oft gerungen,
Dennoch herrscht zu höchster Lust,
Herrscht zu süßen Peinigungen
Liebe noch, in dieser Brust.

An der alten Taten Heere
Weidet noch das Auge sich.
Ha! der großen Väter Ehre
Spornet noch zum Ziele mich;
Rastlos, bis in Plutons Hallen
Meiner Sorgen schönste ruht,
Die erkorne Bahn zu wallen,
Fühl' ich Stärke noch und Mut.

Wo die Nektarkelche glühen,
Seiner Siege Zeus genießt,
Und sein Aar, von Melodien
Süß berauscht, das Auge schließt,

Wo, mit heil'gem Laub' umwunden,
Der Heroen Schar sich freut,
Fühlt noch oft, von dir entbunden,
Meine Seele Göttlichkeit.

Preis, o Schönster der Dämonen!
Preis dir, Herrscher der Natur!
Auch der Götter Regionen
Blüh'n durch deine Milde nur;
Trübte sich in heil'gem Zorne
Je dein strahlend Angesicht –
Ha! sie tränken aus dem Borne
Ew'ger Lust und Schöne nicht!

Eos, glühend vom Genusse,
Durch die Liebe schön und groß,
Wände sich von Tithons Kusse
Alternd und verkümmert los;
Der in königlicher Eile
Lächelnd durch den Äther wallt,
Phoebus trauert' um die Pfeile,
Um die Kühnheit und Gestalt.

Träg zu lieben, und zu hassen,
Ganz, von ihrer Siegeslust,
Ihrer wilden Kraft verlassen,
Schlummert' Ares stolze Brust;
Ha! den Todesbecher tränke
Selbst des Donnergottes Macht! –
Erd' und Firmament versänke
Wimmernd in des Chaos Nacht.

Doch in namenlosen Wonnen
Feiern ewig Welten dich,
In der Jugend Strahlen sonnen
Ewig alle Geister sich; –
Mag des Herzens Glut erkalten,
Mag im langen Kampfe mir
Jede süße Kraft veralten,
Neuverschönt erwacht sie dir!

An den Frühling

Wangen sah' ich verblühn, und die Kraft der Arme veralten

Du mein Herz! noch alterst du nicht; wie Luna den Liebling
Weckte des Himmels Kind, die Freude vom Schlafe dich wieder;
Denn Sie erwacht mit mir zu neuer, glühender Jugend
Meine Schwester, die süße Natur, und meine geliebten
Tale lächeln mich an, und meine geliebteren Haine,
Voll erfreulichen Vogelgesangs, und scherzender Lüfte
Jauchzen in wilder Lust der freundlichen Gruß mir entgegen.
Der du Herzen verjüngst, und Fluren, heiliger Frühling
Heil dir! Erstgeborner der Zeit! erquickender Frühling
Erstgeborner im Schoße der Zeit! Gewaltiger! Heil dir
Heil! die Fessel zerriß, und tönt dir Feiergesänge,
Daß die Gestad' erbeben, der Strom; wir Jünglinge taumeln
Jauchzen hinaus wo der Strom dich preist, wir enthüllen du Holder
Deinem Liebeshauche die glühende Brust, und stürzen hinunter
In den Strom, und jauchzen mit ihm, und nennen dich Bruder.

Bruder! wie tanzt so schön, mit tausendfältiger Freude
Ach! und tausendfältiger Lieb' im lächelnden Äther
Deine Erde dahin, seit aus Elysiums Talen
Du mit dem Zauberstab ihr nahtest, himmlischer Jüngling!
Sahn wir nicht, wie sie freundlicher nun den stolzen Geliebten
Grüßt', den heiligen Tag, wenn er kühn vom Siege der Schatten
Über die Berge flammt! wie sie sanfterrötend im Schleier
Silberner Düfte verhüllt, in süßen Erwartungen aufblickt,
Bis sie glühet von ihm, und ihre friedlichen Kinder
Alle, Blumen und Hain', und Saaten und sprossende Reben,

Schlummre, schlummre nun, mit deinen friedlichen Kindern
Mutter Erde! denn Helios hat die glühenden Rosse
Längst zur Ruhe gelenkt, und die freundlichen Helden des
    Himmels
Perseus* dort, und Herkules dort sie wallen in stiller
Liebe vorbei, und leise durchstreift der flüsternde Nachthauch
Deine fröhliche Saat, und die fernher tönenden Bäche
Lispeln Schlummergesänge darein,

---

*   Sohn des Zeus und der Danaë, tötete die Gorgo Medusa.

An eine Rose

Ewig trägt im Mutterschoße,
Süße Königin der Flur!
Dich und mich die stille, große,
Allbelebende Natur;
Röschen! unser Schmuck veraltet,
Stürm' entblättern dich und mich,
Doch der ewge Keim entfaltet
Bald zu neuer Blüte sich.

Dem Genius der Kühnheit

Eine Hymne

Wer bist du? wie zur Beute, breitet
Das Unermeßliche vor dir sich aus,
Du Herrlicher! mein Saitenspiel geleitet
Dich auch hinab in Plutons dunkles Haus;
So flogen auf Ortygias* Gestaden,
Indes der Lieder Sturm die Wolken brach,
Dem Rebengott die taumelnden Mänaden
In wilder Lust durch Hain und Klüfte nach.

Einst war, wie mir, der stille Funken
Zu freier heitrer Flamme dir erwacht,
Du braustest so, von junger Freude trunken,
Voll Übermuts durch deiner Wälder Nacht,
Als von der Meisterin, der Not, geleitet,
Dein ungewohnter Arm die Keule schwang,
Und drohend sich, vom ersten Feind erbeutet,
Die Löwenhaut um deine Schulter schlang. –

Wie nun in jugendlichem Kriege
Heroënkraft mit der Natur sich maß!
Ach! wie der Geist vom wunderbaren Siege
Berauscht, der armen Sterblichkeit vergaß!

---

* die Insel Delos.

Die stolzen Jünglinge! die kühnen!
Sie legten froh dem Tyger Fesseln an,
Sie bändigten, von staunenden Delphinen
Umtanzt, den königlichen Ozean.

Oft hör' ich deine Wehre rauschen,
Du Genius der Kühnen! und die Lust,
Den Wundern deines Heldenvolks zu lauschen,
Sie stärkt mir oft die lebensmüde Brust;
Doch weilst du freundlicher um stille Laren*,
Wo eine Welt der Künstler kühn belebt,
Wo um die Majestät des Unsichtbaren
Ein edler Geist der Dichtung Schleier webt.

Den Geist des Alls, und seine Fülle
Begrüßte Mäons Sohn** auf heil'ger Spur,
Sie stand vor ihm, mit abgelegter Hülle,
Voll Ernstes da, die ewige Natur;
Er rief sie kühn vom dunklen Geisterlande,
Und lächelnd trat, in aller Freuden Chor,
Entzückender im menschlichen Gewande
Die namenlose Königin hervor.

Er sah die dämmernden Gebiete,
Wohin das Herz in banger Lust begehrt,
Er streuete der Hoffnung süße Blüte
Ins Labyrinth, wo keiner wiederkehrt,
Dort glänzte nun in mildem Rosenlichte
Der Lieb' und Ruh' ein lächelnd Heiligtum,
Er pflanzte dort der Hesperiden Früchte,
Dort stillt die Sorgen nun Elysium.

Doch schrecklich war, du Gott der Kühnen!
Dein heilig Wort, wenn unter Nacht und Schlaf
Verkündiger des ew'gen Lichts erschienen,
Und den Betrug der Wahrheit Flamme traf;
Wie seinen Blitz aus hohen Wetternächten

---

* altrömische Hausgötter.
** Homer.

71

Der Donnerer auf bange Tale streut,
So zeigtest du entarteten Geschlechten
Der Riesen Sturz, der Völker Sterblichkeit.

Du wogst mit strenggerechter Schale,
Wenn mit der Toge du das Schwert vertauscht,
Du sprachst, sie wankten, die Sardanapale*,
Vom Taumelkelche deines Zorns berauscht;
Es schröckt' umsonst mit ihrem Tygergrimme
Dein Tribunal die alte Finsternis,
Du hörtest ernst der Unschuld leise Stimme,
Und opfertest der heil'gen Nemesis.

Verlaß mit deinem Götterschilde,
Verlaß, o du der Kühnen Genius!
Die Unschuld nie. Gewinne dir und bilde
Das Herz der Jünglinge mit Siegsgenuß!
O säume nicht! ermahne, strafe, siege!
Und sichre stets der Wahrheit Majestät,
Bis aus der Zeit geheimnisvoller Wiege
Des Himmels Kind, der ew'ge Friede geht.

Griechenland

An St.**

Hätt' ich dich im Schatten der Platanen,
Wo durch Blumen der Cephissus*** rann,
Wo die Jünglinge sich Ruhm ersannen,
Wo die Herzen Sokrates gewann,
Wo Aspasia**** durch Myrten wallte,
Wo der brüderlichen Freude Ruf
Aus der lärmenden Agora schallte,
Wo mein Plato Paradiese schuf,

---

*   Sardanapallos, luxusliebender orientalischer König.
**   an den Freund Gotthold Friedrich Stäudlin, 1758–1796.
***   Fluß in der Nähe von Athen.
**** Frau des Perikles.

Wo den Frühling Festgesänge würzten,
Wo die Ströme der Begeisterung
Von Minervens heil'gem Berge stürzten –
Der Beschützerin zur Huldigung –
Wo in tausend süßen Dichterstunden,
Wie ein Göttertraum, das Alter schwand,
Hätt' ich da, Geliebter! dich gefunden,
Wie vor Jahren dieses Herz dich fand;

Ach! wie anders hätt' ich dich umschlungen! –
Marathons Heroën sängst du mir,
Und die schönste der Begeisterungen
Lächelte vom trunknen Auge dir,
Deine Brust verjüngten Siegsgefühle,
Deinen Geist, vom Lorbeerzweig umspielt,
Drückte nicht des Lebens stumpfe Schwüle,
Die so karg der Hauch der Freude kühlt.

Ist der Stern der Liebe dir verschwunden?
Und der Jugend holdes Rosenlicht?
Ach! umtanzt von Hellas goldnen Stunden,
Fühltest du die Flucht der Jahre nicht,
Ewig, wie der Vesta* Flamme, glühte
Mut und Liebe dort in jeder Brust,
Wie die Frucht der Hesperiden, blühte
Ewig dort der Jugend stolze Lust.

Ach! es hätt' in jenen bessern Tagen
Nicht umsonst so brüderlich und groß
Für das Volk dein liebend Herz geschlagen,
Dem so gern der Freude Zähre floß! –
Harre nun! sie kömmt gewiß die Stunde,
Die das Göttliche vom Kerker trennt –
Stirb! du suchst auf diesem Erdenrunde,
Edler Geist! umsonst dein Element.

---

* römischer Name für Hestia, die griechische Göttin des Herdfeuers; in Rom
war der Vestakult Staatskult.

Attika, die Heldin, ist gefallen;
Wo die alten Göttersöhne ruhn,
Im Ruin der schönen Marmorhallen
Steht der Kranich einsam trauernd nun;
Lächelnd kehrt der holde Frühling nieder,
Doch er findet seine Brüder nie
In Ilissus* heilgem Tale wieder –
Unter Schutt und Dornen schlummern sie

Mich verlangt ins ferne Land hinüber
Nach Alcäus und Anakreon**,
Und ich schlief' im engen Hause lieber,
Bei den Heiligen in Marathon;
Ach! es sei die letzte meiner Tränen,
Die dem lieben Griechenlande rann,
Laßt, o Parzen, laßt die Schere tönen,
Denn mein Herz gehört den Toten an!

Das Schicksal

Προσκυνουντες την ειμαρμενην, σοφοι.

Aeschylus***

Als von des Friedens heil'gen Talen,
Wo sich die Liebe Kränze wand,
Hinüber zu den Göttermahlen
Des goldnen Alters Zauber schwand,
Als nun des Schicksals eh'rne Rechte,
Die große Meisterin, die Not,
Dem übermächtigen Geschlechte
Den langen, bittern Kampf gebot;

Da sprang er aus der Mutter Wiege,
Da fand er sie, die schöne Spur
Zu seiner Tugend schwerem Siege,
Der Sohn der heiligen Natur;
Der hohen Geister höchste Gabe,

---

*   Nebenfluß des Cephissus.
**   griechische Lyriker, deren Strophenformen Hölderlin häufig verwendete.
*** Die das Schicksal fußfällig verehren, sind weise (Aischylos, *Prometheus*).

Der Tugend Löwenkraft begann
Im Siege, den ein Götterknabe
Den Ungeheuern abgewann.

Es kann die Lust der goldnen Ernte
Im Sonnenbrande nur gedeih'n;
Und nur in seinem Blute lernte
Der Kämpfer, frei und stolz zu sein;
Triumph! die Paradiese schwanden,
Wie Flammen aus der Wolke Schoß,
Wie Sonnen aus dem Chaos, wanden
Aus Stürmen sich Heroën los.

Der Not ist jede Lust entsprossen,
Und unter Schmerzen nur gedeiht
Das Liebste, was mein Herz genossen,
Der holde Reiz der Menschlichkeit;
So stieg, in tiefer Flut erzogen,
Wohin kein sterblich Auge sah,
Stillächelnd aus den schwarzen Wogen
In stolzer Blüte Cypria[*].

Durch Not vereiniget, beschwuren
Vom Jugendtraume süß berauscht
Den Todesbund die Dioskuren,
Und Schwert und Lanze ward getauscht;
In ihres Herzens Jubel eilten
Sie, wie ein Adlerpaar, zum Streit,
Wie Löwen ihre Beute, teilten
Die Liebenden Unsterblichkeit. –

Die Klagen lehrt die Not verachten,
Beschämt und ruhmlos läßt sie nicht
Die Kraft der Jünglinge verschmachten,
Gibt Mut der Brust, dem Geiste Licht;
Der Greise Faust verjüngt sie wieder;
Sie kömmt, wie Gottes Blitz, heran,
Und trümmert Felsenberge nieder,
Und wallt auf Riesen ihre Bahn.

---

[*] Beiname der Aphrodite, die auf Zypern besonders verehrt wurde.

Mit ihrem heil'gen Wetterschlage,
Mit Unerbittlichkeit vollbringt
Die Not an Einem großen Tage,
Was kaum Jahrhunderten gelingt;
Und wenn in ihren Ungewittern
Selbst ein Elysium vergeht,
Und Welten ihrem Donner zittern –
Was groß und göttlich ist, besteht. –

O du, Gespielin der Kolossen,
O weise, zürnende Natur,
Was je ein Riesenherz beschlossen,
Es keimt' in deiner Schule nur.
Wohl ist Arkadien entflohen;
Des Lebens beßre Frucht gedeiht
Durch sie, die Mutter der Heroën,
Die eherne Notwendigkeit. –

Für meines Lebens goldnen Morgen
Sei Dank, o Pepromene*, dir!
Ein Saitenspiel und süße Sorgen
Und Träum' und Tränen gabst du mir;
Die Flammen und die Stürme schonten
Mein jugendlich Elysium,
Und Ruh' und stille Liebe thronten
In meines Herzens Heiligtum.

Es reife von des Mittags Flamme,
Es reife nun vom Kampf und Schmerz
Die Blüt' am grenzenlosen Stamme,
Wie Sprosse Gottes, dieses Herz!
Beflügelt von dem Sturm, erschwinge
Mein Geist des Lebens höchste Lust,
Der Tugend Siegeslust verjünge
Bei kargem Glücke mir die Brust!

---

* Schicksalsgöttin.

Im heiligsten der Stürme falle
Zusammen meine Kerkerwand,
Und herrlicher und freier walle
Mein Geist in's unbekannte Land!
Hier blutet oft der Adler Schwinge;
Auch drüben warte Kampf und Schmerz!
Bis an der Sonnen letzte ringe,
Genährt vom Siege, dieses Herz.

Der Gott der Jugend

Gehn dir im Dämmerlichte,
Wenn in der Sommernacht
Für selige Gesichte
Dein liebend Auge wacht,
Noch oft der Freunde Manen
Und, wie der Sterne Chor,
Die Geister der Titanen
Des Altertums empor;

Wird da, wo sich im Schönen
Das Göttliche verhüllt,
Noch oft das tiefe Sehnen
Der Liebe dir gestillt;
Belohnt des Herzens Mühen
Der Ruhe Vorgefühl,
Und tönt von Melodien
Der Seele Saitenspiel;

So such' im stillsten Tale
Den blütenreichsten Hain,
Und gieß' aus goldner Schale
Den frohen Opferwein!
Noch lächelt unveraltet
Des Herzens Frühling dir,
Der Gott der Jugend waltet
Noch über dir und mir.

Wie unter Tiburs* Bäumen,
Wenn da der Dichter saß,
Und unter Götterträumen
Der Jahre Flucht vergaß,
Wenn ihn die Ulme kühlte,
Und wenn sie stolz und froh
Um Silberblüten spielte,
Die Flut des Anio**;

Und wie um Platons Hallen,
Wenn durch der Haine Grün,
Begrüßt von Nachtigallen,
Der Stern der Liebe schien,
Wenn alle Lüfte schliefen,
Und, sanft bewegt vom Schwan,
Cephissus durch Oliven
Und Myrtensträuche rann;

So schön ist's noch hienieden!
Auch unser Herz erfuhr
Das Leben und den Frieden
Der freundlichen Natur;
Noch blüht des Himmels Schöne,
Noch mischen brüderlich
In unsers Herzens Töne
Des Frühlings Laute sich.

Drum such' im stillsten Tale
Den düftereichsten Hain,
Und gieß' aus goldner Schale
Den frohen Opferwein,
Noch lächelt unveraltet
Das Bild der Erde dir,
Der Gott der Jugend waltet
Noch über dir und mir.

---

* das heutige Tivoli bei Rom.
** Nebenfluß des Tibers.

An die Natur

Da ich noch um deinen Schleier spielte,
Noch an dir, wie eine Blüte hing,
Noch dein Herz in jedem Laute fühlte,
Der mein zärtlichbebend Herz umfing,
Da ich noch mit Glauben und mit Sehnen
Reich, wie du, vor deinem Bilde stand,
Eine Stelle noch für meine Tränen,
Eine Welt für meine Liebe fand,

Da zur Sonne noch mein Herz sich wandte,
Als vernähme seine Töne sie,
Und die Sterne seine Brüder nannte
Und den Frühling Gottes Melodie,
Da im Hauche, der den Hain bewegte,
Noch dein Geist, dein Geist der Freude sich
In des Herzens stiller Welle regte,
Da umfingen goldne Tage mich.

Wenn im Tale, wo der Quell mich kühlte,
Wo der jugendlichen Sträuche Grün
Um die stillen Felsenwände spielte
Und der Äther durch die Zweige schien,
Wenn ich da, von Blüten übergossen,
Still und trunken ihren Othem trank
Und zu mir, von Licht und Glanz umflossen,
Aus den Höh'n die goldne Wolke sank –

Wenn ich fern auf nackter Heide wallte,
Wo aus dämmernder Geklüfte Schoß
Der Titanensang der Ströme schallte
Und die Nacht der Wolken mich umschloß,
Wenn der Sturm mit seinen Wetterwogen
Mir vorüber durch die Berge fuhr
Und des Himmels Flammen mich umflogen,
Da erschienst du, Seele der Natur!

Oft verlor ich da mit trunknen Tränen
Liebend, wie nach langer Irre sich
In den Ozean die Ströme sehnen,
Schöne Welt! in deiner Fülle mich;
Ach! da stürzt' ich mit den Wesen allen
Freudig aus der Einsamkeit der Zeit,
Wie ein Pilger in des Vaters Hallen,
In die Arme der Unendlichkeit. –

Seid gesegnet, goldne Kinderträume,
Ihr verbargt des Lebens Armut mir,
Ihr erzogt des Herzens gute Keime,
Was ich nie erringe, schenktet ihr!
O Natur! an deiner Schönheit Lichte,
Ohne Müh' und Zwang entfalteten
Sich der Liebe königliche Früchte,
Wie die Ernten in Arkadien.

Tot ist nun, die mich erzog und stillte,
Tot ist nun die jugendliche Welt,
Diese Brust, die einst ein Himmel füllte,
Tot und dürftig, wie ein Stoppelfeld;
Ach! es singt der Frühling meinen Sorgen
Noch, wie einst, ein freundlich tröstend Lied,
Aber hin ist meines Lebens Morgen,
Meines Herzens Frühling ist verblüht.

Ewig muß die liebste Liebe darben,
Was wir lieben, ist ein Schatten nur,
Da der Jugend goldne Träume starben,
Starb für mich die freundliche Natur;
Das erfuhrst du nicht in frohen Tagen,
Daß so ferne dir die Heimat liegt,
Armes Herz, du wirst sie nie erfragen,
Wenn dir nicht ein Traum von ihr genügt.

Und verstehe die Freiheit, aufzubrechen, wohin er will

Gedichte 1796–1800

Diotima*

Mittlere Fassung

Lange tot und tiefverschlossen,
Grüßt mein Herz die schöne Welt;
Seine Zweige blühn und sprossen,
Neu von Lebenskraft geschwellt;
O! ich kehre noch in's Leben,
Wie heraus in Luft und Licht
Meiner Blumen selig Streben
Aus der dürren Hülse bricht.

Wie so anders ists geworden!
Alles, was ich haßt' und mied,
Stimmt in freundlichen Akkorden
Nun in meines Lebens Lied,
Und mit jedem Stundenschlage
Werd' ich wunderbar gemahnt
An der Kindheit goldne Tage,
Seit ich dieses Eine fand.

Diotima! selig Wesen!
Herrliche, durch die mein Geist,
Von des Lebens Angst genesen,
Götterjugend sich verheißt!
Unser Himmel wird bestehen,
Unergründlich sich verwandt,
Hat sich, eh wir uns gesehen,
Unser Innerstes gekannt.

Da ich noch in Kinderträumen,
Friedlich, wie der blaue Tag,
Unter meines Gartens Bäumen
Auf der warmen Erde lag,

---

* der – Platons *Symposion* – entlehnte dichterische Name für Susette Gontard,
die Frau des Frankfurter Bankiers Jakob Friedrich Gontard. Hölderlin, der
dort seit 1796 Hauslehrer war, verliebte sich in Susette; 1798 kam es zum
Bruch mit der Familie und Hölderlin ging nach (dem heutigen Bad) Hom-
burg (vor der Höhe) zu seinem Freund Isaak von Sinclair.

Und in leiser Lust und Schöne
Meines Herzens Mai begann,
Säuselte, wie Zephirstöne,
Diotimas Geist mich an.

Ach! und da, wie eine Sage,
Mir des Lebens Schöne schwand,
Da ich vor des Himmels Tage
Darbend, wie ein Blinder, stand,
Da die Last der Zeit mich beugte,
Und mein Leben, kalt und bleich,
Sehnend schon hinab sich neigte
In der Schatten stummes Reich;

Da, da kam vom Ideale,
Wie vom Himmel, Mut und Macht,
Du erscheinst mit deinem Strahle,
Götterbild! in meiner Nacht;
Dich zu finden, warf ich wieder,
Warf ich den entschlafnen Kahn
Von dem toten Porte nieder
In den blauen Ozean. –

Nun! ich habe dich gefunden,
Schöner, als ich ahndend sah
In der Liebe Feierstunden,
Hohe! Gute! bist du da;
O der armen Phantasien!
Dieses Eine bildest nur
Du, in ew'gen Harmonien
Frohvollendete Natur!

Wie die Seligen dort oben,
Wo hinauf die Freude flieht,
Wo, des Daseins überhoben,
Wandellose Schöne blüht,
Wie melodisch bei des alten
Chaos Zwist Urania,
Steht sie, göttlich rein erhalten,
Im Ruin der Zeiten da.

Unter tausend Huldigungen
Hat mein Geist, beschämt, besiegt,
Sie zu fassen schon gerungen,
Die sein Kühnstes überfliegt.
Sonnenglut und Frühlingsmilde,
Streit und Frieden wechselt hier
Vor dem schönen Engelsbilde
In des Busens Tiefe mir.

Viel der heil'gen Herzenstränen
Hab' ich schon vor ihr geweint,
Hab' in allen Lebenstönen
Mit der Holden mich vereint,
Hab', ins tiefste Herz getroffen,
Oft um Schonung sie gefleht,
Wenn so klar und heilig offen
Mir ihr eigner Himmel steht;

Habe, wenn in reicher Stille,
Wenn in einem Blick und Laut
Seine Ruhe, seine Fülle
Mir ihr Genius vertraut,
Wenn der Gott, der mich begeistert,
Mir an ihrer Stirne tagt,
Von Bewundrung übermeistert,
Zürnend ihr mein Nichts geklagt;

Dann umfängt ihr himmlisch Wesen
Süß im Kinderspiele mich,
Und in ihrem Zauber lösen
Freudig meine Bande sich;
Hin ist dann mein dürftig Streben,
Hin des Kampfes letzte Spur,
Und ins volle Götterleben
Tritt die sterbliche Natur.

Ha! wo keine Macht auf Erden,
Keines Gottes Wink uns trennt,
Wo wir Eins und Alles werden,
Da ist nur mein Element;

Wo wir Not und Zeit vergessen,
Und den kärglichen Gewinn
Nimmer mit der Spanne messen,
Da, da sag’ ich, daß ich bin.

Wie der Stern der Tyndariden
Der in leichter Majestät
Seine Bahn, wie wir, zufrieden
Dort in dunkler Höhe geht,
Nun in heitre Meereswogen,
Wo die schöne Ruhe winkt,
Von des Himmels steilem Bogen
Klar und groß hinuntersinkt;

O Begeisterung! so finden
Wir in dir ein selig Grab,
Tief in deine Woge schwinden,
Stillfrohlockend wir hinab,
Bis der Hore Ruf wir hören,
Und mit neuem Stolz erwacht,
Wie die Sterne, wieder kehren
In des Lebens kurze Nacht.

Die Eichbäume

Aus den Gärten komm’ ich zu euch, ihr Söhne des Berges!
Aus den Gärten, da lebt die Natur geduldig und häuslich,
Pflegend und wieder gepflegt mit dem fleißigen Menschen
    zusammen.
Aber ihr, ihr Herrlichen! steht, wie ein Volk von Titanen
In der zahmeren Welt und gehört nur euch und dem Himmel,
Der euch nährt’ und erzog und der Erde, die euch geboren.
Keiner von euch ist noch in die Schule der Menschen gegangen,
Und ihr drängt euch fröhlich und frei, aus der kräftigen Wurzel,
Unter einander herauf und ergreift, wie der Adler die Beute,
Mit gewaltigem Arme den Raum, und gegen die Wolken
Ist euch heiter und groß die sonnige Krone gerichtet.
Eine Welt ist jeder von euch, wie die Sterne des Himmels
Lebt ihr, jeder ein Gott, in freiem Bunde zusammen.

Könnt' ich die Knechtschaft nur erdulden, ich neidete nimmer
Diesen Wald und schmiegte mich gern ans gesellige Leben.
Fesselte nur nicht mehr ans gesellige Leben das Herz mich,
Das von Liebe nicht läßt, wie gern würd' ich unter euch wohnen!

An die klugen Ratgeber

Ich sollte nicht im Lebensfelde ringen,
So lang mein Herz nach höchster Schöne strebt,
Ich soll mein Schwanenlied am Grabe singen,
Wo ihr so gern lebendig uns begräbt?
O! schonet mein und laßt das rege Streben,
Bis seine Flut in's fernste Meer sich stürzt,
Laßt immerhin, ihr Ärzte, laßt mich leben,
So lang die Parze nicht die Bahn verkürzt.

Des Weins Gewächs verschmäht die kühlen Tale,
Hesperiens beglückter Garten bringt
Die goldnen Früchte nur im heißen Strahle,
Der, wie ein Pfeil, in's Herz der Erde dringt;
Was warnt ihr dann, wenn stolz und ungeschändet
Des Menschen Herz von kühnem Zorn entbrennt,
Was nimmt ihr ihm, der nur im Kampf vollendet,
Ihr Weichlinge, sein glühend Element?

Er hat das Schwert zum Spiele nicht genommen,
Der Richter, der die alte Nacht verdammt,
Er ist zum Schlafe nicht herabgekommen,
Der reine Geist, der aus dem Äther stammt;
Er strahlt heran, er schröckt, wie Meteore,
Befreit und bändigt, ohne Ruh' und Sold,
Bis, wiederkehrend durch des Himmels Tore,
Sein Kämpferwagen im Triumphe rollt.

Und ihr, ihr wollt des Rächers Arme lähmen,
Dem Geiste, der mit Götterrecht gebeut,
Bedeutet ihr, sich knechtisch zu bequemen,
Nach eures Pöbels Unerbittlichkeit?
Das Irrhaus wählt ihr euch zum Tribunale,

Dem soll der Herrliche sich unterzieh'n,
Den Gott in uns, den macht ihr zum Skandale,
Und setzt den Wurm zum König über ihn. –

Sonst ward der Schwärmer doch ans Kreuz geschlagen,
Und oft in edlem Löwengrimme rang
Der Mensch an donnernden Entscheidungstagen,
Bis Glück und Wut das kühne Recht bezwang;
Ach! wie die Sonne, sank zur Ruhe nieder
Wer unter Kampf ein herrlich Werk begann,
Er sank und morgenrötlich hub er wieder
In seinen Lieblingen zu leuchten an.

Jetzt blüht die neue Kunst, das Herz zu morden,
Zum Todesdolch in meuchlerischer Hand
Ist nun der Rat des klugen Manns geworden,
Und furchtbar, wie ein Scherge, der Verstand;
Bekehrt von euch zu feiger Ruhe, findet
Der Geist der Jünglinge sein schmählich Grab,
Ach! ruhmlos in die Nebelnächte schwindet
Aus heitrer Luft manch schöner Stern hinab.

Umsonst, wenn auch der Geister Erste fallen,
Die starken Tugenden, wie Wachs, vergehn,
Das Schöne muß aus diesen Kämpfen allen,
Aus dieser Nacht der Tage Tag entstehn;
Begräbt sie nur, ihr Toten, eure Toten!
Indes ihr noch die Leichenfackel hält,
Geschiehet schon, wie unser Herz geboten,
Bricht schon herein die neue beßre Welt.

An Diotima

Komm und siehe die Freude um uns; in kühlenden Lüften
    Fliegen die Zweige des Hains,
Wie die Locken im Tanz'; und wie auf tönender Leier
    Ein erfreulicher Geist
Spielt mit Regen und Sonnenschein auf der Erde der Himmel
    Wie in liebendem Streit

Über dem Saitenspiel' ein tausendfältig Gewimmel
    Flüchtiger Töne sich regt,
Wandelt Schatten und Licht in süßmelodischem Wechsel
    Über die Berge dahin.
Leise berührte der Himmel zuvor mit der silbernen Tropfe
    Seinen Bruder den Strom
Nah ist er nun, nun schüttet er ganz, die köstliche Fülle
    Die er am Herzen trug
Über den Hain und den Strom, und
Und das Grünen des Hains, und des Himmels Bild in dem Strome
    Dämmert und schwindet vor uns
Und des einsamen Berges Haupt mit den Hütten und Felsen
    Die er im Schoße verbirgt,
Und die Hügel, die um ihn her, wie Lämmer, gelagert
    Und in blühend Gesträuch
Wie in zarte Wolle gehüllt, sich nähren von klaren
    Kühlenden Quellen des Bergs,
Und das dampfende Tal mit seinen Saaten und Blumen,
    Und der Garten vor uns
Nah und fernes entweicht, verliert sich in froher Verwirrung
    Und die Sonne verlischt.
Aber vorübergerauscht sind nun die Fluten des Himmels
    Und geläutert, verjüngt
Geht mit den seligen Kindern hervor die Erd' aus dem Bade.
    Froher lebendiger
Glänzt im Haine das Grün, und goldner funkeln die Blumen,

Weiß, wie die Herde, die in den Strom, der Schäfer geworfen,

Gebet für die Unheilbaren

Eil, o zaudernde Zeit, sie ans Ungereimte zu führen,
    Anders belehrest du sie nie wie verständig sie sind.
Eile, verderbe sie ganz, und führ' ans furchtbare Nichts sie,
    Anders glauben sie dir nie, wie verdorben sie sind.
Diese Toren bekehren sich nie, wenn ihnen nicht schwindelt,
    Diese sich nie, wenn sie Verwesung nicht sehn.

Guter Rat

Hast du Verstand und ein Herz, so zeige nur eines von beiden,
  Beides verdammen sie dir, zeigest du beides zugleich.

Advocatus diaboli

Tief im Herzen haß ich den Troß der Despoten und Pfaffen
  Aber noch mehr das Genie, macht es gemein sich damit.

Die Vortrefflichen

Lieben Brüder! versucht es nur nicht, vortrefflich zu werden
  Ehrt das Schicksal und tragts, Stümper auf Erden zu sein
Denn ist Einmal der Kopf voran, so folget der Schweif auch
  Und die klassische Zeit deutscher Poëten ist aus.

Die beschreibende Poësie

Wißt! Apoll ist der Gott der Zeitungsschreiber geworden
  Und sein Mann ist, wer ihm treulich das Factum erzählt.

Falsche Popularität

O der Menschenkenner! er stellt sich kindisch mit Kindern
  Aber der Baum und das Kind suchet, was über ihm ist.

An Diotima

Schönes Leben! du lebst, wie die zarten Blüten im Winter,
  In der gealterten Welt blühst du verschlossen, allein.
Liebend strebst du hinaus, dich zu sonnen am Lichte des Frühlings,
  Zu erwarmen an ihr suchst du die Jugend der Welt.
Deine Sonne, die schönere Zeit, ist untergegangen
  Und in frostiger Nacht zanken Orkane sich nun.

Diotima

Komm und besänftige mir, die du einst Elemente versöhntest
    Wonne der himmlischen Muse das Chaos der Zeit,
Ordne den tobenden Kampf mit Friedenstönen des Himmels
    Bis in der sterblichen Brust sich das entzweite vereint,
Bis der Menschen alte Natur die ruhige große,
    Aus der gärenden Zeit, mächtig und heiter sich hebt.
Kehr' in die dürftigen Herzen des Volks, lebendige Schönheit!
    Kehr an den gastlichen Tisch, kehr in die Tempel zurück!
Denn Diotima lebt, wie die zarten Blüten im Winter,
    Reich an eigenem Geist sucht sie die Sonne doch auch.
Aber die Sonne des Geists, die schönere Welt ist hinunter
    Und in frostiger Nacht zanken Orkane sich nur.

An Neuffer

Brüderlich Herz! ich komme zu dir, wie der tauende Morgen
    Schließe du, wie der Kelch zärtlicher Blumen dich auf
Einen Himmel empfängst du, der Freude goldene Wolke
    Rieselt in eilenden freundlichen Tönen herab.
Freund! ich kenne mich nicht, ich kenne nimmer den Menschen,
    Und es schämet der Geist aller Gedanken sich nun.
Fassen wollt' er auch sie, wie er faßt die Dinge der Erde
    Fassen
Aber ein Schwindel ergriff ihn süß, und die ewige Veste
    Seiner Gedanken stürzt'

Die Völker schwiegen, schlummerten

Die Völker schwiegen, schlummerten, da sahe
Das Schicksal, daß sie nicht entschliefen und es kam
Der unerbittliche, der furchtbare
Sohn der Natur, der alte Geist der Unruh.
Der regte sich, wie Feuer, das im Herzen
Der Erde gärt, das wie den reifen Obstbaum
Die alten Städte schüttelt, das die Berge
Zerreißt, und die Eichen hinabschlingt und die Felsen.

Und Heere tobten, wie die kochende See.
Und wie ein Meergott, herrscht' und waltete
Manch großer Geist im kochenden Getümmel.
Manch feurig Blut zerrann im Todesfeld
Und jeder Wunsch und jede Menschenkraft
Vertobt auf Einer da, auf ungeheurer Walstatt
Wo von dem blauen Rheine bis zur Tyber
Die unaufhaltsame die jahrelange Schlacht
In wilder Ordnung sich umherbewegte.
Es spielt' ein kühnes Spiel in dieser Zeit
Mit allen Sterblichen das mächtge Schicksal.

Und blinken goldne Früchte wieder dir
Wie heitre holde Sterne, durch die kühle Nacht
Der Pomeranzenwälder in Italien.

Dem Allbekannten

Frei wie die Schwalben, ist der Gesang, sie fliegen und wandern
Fröhlich von Land zu Land, und ferne suchet den Sommer
Sich das heilge Geschlecht, denn heilig war es den Vätern
Und nun sing ich den Fremdling, ihn,

Dies neide mir keiner der andern, gleichst du dem Ernsten
Oder gleichst du ihm nicht, laß jetzt in Ruhe mich sprechen
Denn der Herrliche selbst er gönnet gerne mein Spiel mir.
Fragen möcht' ich, woher er ist? am Rheine der Deutschen
Wuchs er nicht auf wenn schon nicht arm an Männern das
   Land ist,
Das bescheidene, und an allernährender Sonne
Schön auch da der Genius reift,

An die Parzen

Nur Einen Sommer gönnt, ihr Gewaltigen!
Und einen Herbst zu reifem Gesange mir,
   Daß williger mein Herz, vom süßen
     Spiele gesättiget, dann mir sterbe.

Die Seele, der im Leben ihr göttlich Recht
Nicht ward, sie ruht auch drunten im Orkus nicht;
Doch ist mir einst das Heil'ge, das am
Herzen mir liegt, das Gedicht gelungen,

Willkommen dann, o Stille der Schattenwelt!
Zufrieden bin ich, wenn auch mein Saitenspiel
Mich nicht hinab geleitet; Einmal
Lebt ich, wie Götter, und mehr bedarfs nicht.

Abbitte

Heilig Wesen! gestört hab' ich die goldene
Götterruhe dir oft, und der geheimeren,
Tiefem Schmerzen des Lebens
Hast du manche gelernt von mir.

O vergiß es, vergib! gleich dem Gewölke dort
Vor dem friedlichen Mond, geh' ich dahin, und du
Ruhst und glänzest in deiner
Schöne wieder, du süßes Licht!

Ehmals und jetzt

In jüngern Tagen war ich des Morgens froh,
Des Abends weint' ich; jetzt, da ich älter bin,
Beginn ich zweifelnd meinen Tag, doch
Heilig und heiter ist mir sein Ende.

Lebenslauf

Hoch auf strebte mein Geist, aber die Liebe zog
Schön ihn nieder; das Leid beugt ihn gewaltiger;
So durchlauf ich des Lebens
Bogen und kehre, woher ich kam.

Die Kürze

„Warum bist du so kurz? liebst du, wie vormals, denn
    Nun nicht mehr den Gesang? fandst du, als Jüngling, doch,
        In den Tagen der Hoffnung,
            Wenn du sangest, das Ende nie!"

Wie mein Glück, ist mein Lied. – Willst du im Abendrot
    Froh dich baden? hinweg ists! und die Erd' ist kalt,
        Und der Vogel der Nacht schwirrt
            Unbequem vor das Auge dir.

Menschenbeifall

Ist nicht heilig mein Herz, schöneren Lebens voll,
    Seit ich liebe? warum achtetet ihr mich mehr,
        Da ich stolzer und wilder,
            Wortereicher und leerer war?

Ach! der Menge gefällt, was auf den Marktplatz taugt,
    Und es ehret der Knecht nur den Gewaltsamen;
        An das Göttliche glauben
            Die allein, die es selber sind.

Der gute Glaube

Schönes Leben! du liegst krank, und das Herz ist mir
    Müd vom Weinen und schon dämmert die Furcht in mir,
        Doch, doch kann ich nicht glauben,
            Daß du sterbest, so lang du liebst.

Das Unverzeihliche

Wenn ihr Freunde vergeßt, wenn ihr den Künstler höhnt,
    Und den tieferen Geist klein und gemein versteht,
        Gott vergibt es, doch stört nur
            Nie den Frieden der Liebenden.

An die Deutschen

Spottet ja nicht des Kinds, wenn es mit Peitsch' und Sporn
Auf dem Rosse von Holz mutig und groß sich dünkt,
    Denn, ihr Deutschen, auch ihr seid
        Tatenarm und gedankenvoll.

Oder kömmt, wie der Strahl aus dem Gewölke kömmt,
Aus Gedanken die Tat? Leben die Bücher bald?
    O ihr Lieben, so nimmt mich,
        Daß ich büße die Lästerung.

Die scheinheiligen Dichter

Ihr kalten Heuchler, sprecht von den Göttern nicht!
Ihr habt Verstand! ihr glaubt nicht an Helios,
    Noch an den Donnerer und Meergott;
        Tot ist die Erde, wer mag ihr danken? –

Getrost ihr Götter! zieret ihr doch das Lied,
    Wenn schon aus euren Namen die Seele schwand,
        Und ist ein großes Wort vonnöten,
            Mutter Natur! so gedenkt man deiner.

Sonnenuntergang

Wo bist du? trunken dämmert die Seele mir
Von aller deiner Wonne; denn eben ist's,
    Daß ich gelauscht, wie, goldner Töne
        Voll, der entzückende Sonnenjüngling

Sein Abendlied auf himmlischer Leier spielt';
    Es tönten rings die Wälder und Hügel nach.
        Doch fern ist er zu frommen Völkern,
            Die ihn noch ehren, hinweggegangen.

Der Mensch

Kaum sproßten aus den Wassern, o Erde, dir
  Der jungen Berge Gipfel und dufteten
    Lustatmend, immergrüner Haine
      Voll, in des Ozeans grauer Wildnis

Die ersten holden Inseln; und freudig sah
  Des Sonnengottes Auge die Neulinge
    Die Pflanzen, seiner ew'gen Jugend
      Lächelnde Kinder, aus dir geboren.

Da auf der Inseln schönster, wo immerhin
  Den Hain in zarter Ruhe die Luft umfloß,
    Lag unter Trauben einst, nach lauer
      Nacht, in der dämmernden Morgenstunde

Geboren, Mutter Erde! dein schönstes Kind;–
  Und auf zum Vater Helios sieht bekannt
    Der Knab', und wacht und wählt die süßen
      Beere versuchend, die heil'ge Rebe

Zur Amme sich; und bald ist er groß; ihn scheun
  Die Tiere, denn ein anderer ist, wie sie
    Der Mensch; nicht dir und nicht dem Vater
      Gleicht er, denn kühn ist in ihm und einzig

Des Vaters hohe Seele mit deiner Lust,
  O Erd'! und deiner Trauer von je vereint;
    Der Göttermutter, der Natur, der
      Allesumfassenden möcht' er gleichen!

Ach! darum treibt ihn, Erde! vom Herzen dir
  Sein Übermut, und deine Geschenke sind
    Umsonst und deine zarten Bande;
      Sucht er ein Besseres doch, der Wilde!

Von seines Ufers duftender Wiese muß
  Ins blütenlose Wasser hinaus der Mensch,
    Und glänzt auch, wie die Sternenacht, von
      Goldenen Früchten sein Hain, doch gräbt er

Sich Höhlen in den Bergen und späht im Schacht
Von seines Vaters heiterem Lichte fern,
Dem Sonnengott auch ungetreu, der
Knechte nicht liebt und der Sorge spottet.

Denn freier atmen Vögel des Walds, wenn schon
Des Menschen Brust sich herrlicher hebt, und der
Die dunkle Zukunft sieht, er muß auch
Sehen den Tod und allein ihn fürchten.

Und Waffen wider alle, die atmen, trägt
In ewigbangem Stolze der Mensch; im Zwist
Verzehrt er sich und seines Friedens
Blume, die zärtliche, blüht nicht lange.

Ist er von allen Lebensgenossen nicht
Der seligste? Doch tiefer und reißender
Ergreift das Schicksal, allausgleichend,
Auch die entzündbare Brust dem Starken.

Hyperions Schicksalslied*

Ihr wandelt droben im Licht
Auf weichem Boden, selige Genien!
Glänzende Götterlüfte
Rühren euch leicht,
Wie die Finger der Künstlerin
Heilige Saiten.

Schicksallos, wie der schlafende
Säugling, atmen die Himmlischen;
Keusch bewahrt
In bescheidener Knospe,
Blühet ewig
Ihnen der Geist,
Und die seligen Augen
Blicken in stiller
Ewiger Klarheit.

---

* freie Rhythmen.

Doch uns ist gegeben,
  Auf keiner Stätte zu ruhn,
    Es schwinden, es fallen
      Die leidenden Menschen
        Blindlings von einer
          Stunde zur andern,
            Wie Wasser von Klippe
              Zu Klippe geworfen,
                Jahr lang ins Ungewisse hinab.

Da ich ein Knabe war

Da ich ein Knabe war,
  Rettet' ein Gott mich oft
    Vom Geschrei und der Rute der Menschen,
      Da spielt' ich sicher und gut
        Mit den Blumen des Hains,
          Und die Lüftchen des Himmels
          Spielten mit mir.

Und wie du das Herz
Der Pflanzen erfreust,
Wenn sie entgegen dir
Die zarten Arme strecken,

So hast du mein Herz erfreut
Vater Helios! und, wie Endymion*,
War ich dein Liebling,
Heilige Luna!

O all ihr treuen
Freundlichen Götter!
Daß ihr wüßtet,
Wie euch meine Seele geliebt!

---

* mythischer Hirte, dem Zeus ewigen Schlaf und ewige Jugend verliehen hat;
  Selene (Luna, der Mond) besucht ihn jede Nacht.

Zwar damals rief ich noch nicht
Euch mit Namen, auch ihr
Nanntet mich nie, wie die Menschen sich nennen
Als kennten sie sich.

Doch kannt' ich euch besser,
Als ich je die Menschen gekannt,
Ich verstand die Stille des Äthers
Der Menschen Worte verstand ich nie.

Mich erzog der Wohllaut
Des säuselnden Hains
Und lieben lernt' ich
Unter den Blumen.

Im Arme der Götter wuchs ich groß.

Götter wandelten einst

Götter wandelten einst bei Menschen, die herrlichen Musen
    Und der Jüngling, Apoll, heilend, begeisternd wie du.
Und du bist mir, wie sie, als hätte der Seligen Einer
    Mich ins Leben gesandt, geh ich, es wandelt das Bild
Meiner Heldin mit mir, wo ich duld' und bilde, mit Liebe
    Bis in den Tod, denn dies lernt' ich und hab' ich von ihr.

Laß uns leben, o du mit der ich leide, mit der ich
    Innig und glaubig und treu ringe nach schönerer Zeit.
Sind doch wirs! und wüßten sie noch in kommenden Jahren
    Von uns beiden, wenn einst wieder der Genius gilt,
Sprächen sie: es schulen sich einst die Einsamen liebend
    Nur von Göttern gekannt ihre geheimere Welt.
Denn die Sterbliches nur besorgt, es empfängt sie die Erde
    Aber näher zum Licht wandern, zum Äther hinauf
Sie, die inniger Liebe treu, und göttlichem Geiste
    Hoffend und duldend und still über das Schicksal gesiegt.

Hört' ich die Warnenden itzt

Hört' ich die Warnenden itzt, sie lächelten meiner und dächten,
   Früher anheim uns fiel, weil er uns scheute, der Tor.
Und sie achtetens keinen Gewinn,

Singt, o singet mir nur, unglückweissagend, ihr Furchtbarn
   Schicksalsgötter das Lied immer und immer ums Ohr
Euer bin ich zuletzt, ich weiß es, doch will zuvor ich
   Mir gehören und mir Leben erbeuten und Ruhm.

Abschied

Wenn ich sterbe mit Schmach, wenn an den Frechen nicht
   Meine Seele sich rächt, wenn ich hinunter bin
     Von des Genius Feinden
      Überwunden, ins feige Grab,

Dann vergiß mich, o dann rette vom Untergang
   Meinen Namen auch du, gütiges Herz! nicht mehr
     Dann erröte, die du mir
      Hold gewesen, doch eher nicht!

Aber weiß ich es nicht? Wehe! du liebender
   Schutzgeist! ferne von dir spielen zerreißend bald
     Auf den Saiten des Herzens
      Alle Geister des Todes mir.

O so bleiche dich denn Locke der mutigen
   Jugend! heute noch, du lieber als morgen mir,

    hier wo am einsamen
Scheidewege der Schmerz mich,
   Mich der Tötende niederwirft.

Die Launischen

Hör' ich ferne nur her, wenn ich für mich geklagt,
    Saitenspiel und Gesang, schweigt mir das Herz doch gleich;
      Bald auch bin ich verwandelt,
        Blinkst du, purpurner Wein! mich an

Unter Schatten des Walds, wo die gewaltige
    Mittagssonne mir sanft über dem Laube glänzt;
      Ruhig sitz' ich daselbst, wenn
        Zürnend schwerer Beleidigung

Ich im Felde geirrt – Zürnen zu gerne doch
    Deine Dichter, Natur! trauern und weinen leicht,
      Die Beglückten; wie Kinder,
        Die zu zärtlich die Mutter hält,

Sind sie mürrisch und voll herrischen Eigensinns;
    Wandeln still sie des Wegs, irret Geringes doch
      Bald sie wieder; sie reißen
        Aus dem Gleise sich sträubend dir.

Doch du rührest sie kaum, Liebende! freundlich an,
    Sind sie friedlich und fromm; fröhlich gehorchen sie;
      Du lenkst, Meisterin! sie mit
        Weichem Zügel, wohin du willst.

Der Zeitgeist

Zu lang schon waltest über dem Haupte mir
    Du in der dunkeln Wolke, du Gott der Zeit!
      Zu wild, zu bang ist's ringsum, und es
        Trümmert und wankt ja, wohin ich blicke.

Ach! wie ein Knabe, seh' ich zu Boden oft,
    Such' in der Höhle Rettung von dir, und möcht'
      Ich Blöder, eine Stelle finden,
        Alleserschütt'rer! wo du nicht wärest.

Lass' endlich, Vater! offenen Aug's mich dir
    Begegnen! hast denn du nicht zuerst den Geist
      Mit deinem Strahl aus mir geweckt? mich
        Herrlich an's Leben gebracht, o Vater! –

Wohl keimt aus jungen Reben uns heil'ge Kraft;
    In milder Luft begegnet den Sterblichen,
      Und wenn sie still im Haine wandeln,
        Heiternd ein Gott; doch allmächt'ger weckst du

Die reine Seele Jünglingen auf, und lehrst
    Die Alten weise Künste; der Schlimme nur
      Wird schlimmer, daß er bälder ende,
        Wenn du, Erschütterer! ihn ergreifest.

Abendphantasie

Vor seiner Hütte ruhig im Schatten sitzt
    Der Pflüger, dem Genügsamen raucht sein Herd.
      Gastfreundlich tönt dem Wanderer im
        Friedlichen Dorfe die Abendglocke.

Wohl kehren itzt die Schiffer zum Hafen auch,
    In fernen Städten, fröhlich vertauscht des Markts
      Geschäft'ger Lärm; in stiller Laube
        Glänzt das gesellige Mahl den Freunden.

Wohin denn ich? Es leben die Sterblichen
    Von Lohn und Arbeit; wechselnd in Müh' und Ruh'
      Ist alles freudig; warum schläft denn
        Nimmer nur mir in der Brust der Stachel?

Am Abendhimmel blühet ein Frühling auf;
    Unzählig blühn die Rosen und ruhig scheint
      Die goldne Welt; o dorthin nimmt mich
        Purpurne Wolken! und möge droben

In Licht und Luft zerrinnen mir Lieb' und Leid! –
    Doch, wie verscheucht von töriger Bitte, flieht
      Der Zauber; dunkel wirds und einsam
        Unter dem Himmel, wie immer, bin ich –

Komm du nun, sanfter Schlummer! zu viel begehrt
Das Herz; doch endlich, Jugend! verglühst du ja,
Du ruhelose, träumerische!
Friedlich und heiter ist dann das Alter.

Des Morgens

Vom Taue glänzt der Rasen; beweglicher
Eilt schon die wache Quelle; die Buche neigt
Ihr schwankes Haupt und im Geblätter
Rauscht es und schimmert; und um die grauen

Gewölke streifen rötliche Flammen dort,
Verkündende, sie wallen geräuschlos auf;
Wie Fluten am Gestade, wogen
Höher und höher die Wandelbaren.

Komm nun, o komm, und eile mir nicht zu schnell,
Du goldner Tag, zum Gipfel des Himmels fort!
Denn offner fliegt, vertrauter dir mein
Auge, du Freudiger! zu, so lang du

In deiner Schöne jugendlich blickst und noch
Zu herrlich nicht, zu stolz mir geworden bist;
Du möchtest immer eilen, könnt ich,
Göttlicher Wandrer, mit dir! – doch lächelst

Des frohen Übermütigen du, daß er
Dir gleichen möchte; segne mir lieber dann
Mein sterblich Tun und heitre wieder
Gütiger! heute den stillen Pfad mir.

Der Main

Wohl manches Land der lebenden Erde möcht'
Ich sehn, und öfters über die Berg' enteilt
Das Herz mir, und die Wünsche wandern
Über das Meer, zu den Ufern, die mir

Vor andern, so ich kenne, gepriesen sind;
   Doch lieb ist in der Ferne nicht Eines mir,
      Wie jenes, wo die Göttersöhne
         Schlafen, das trauernde Land der Griechen.

Ach! einmal dort an Suniums* Küste möcht'
   Ich landen, deine Säulen, Olympion!
      Erfragen, dort, noch eh der Nordsturm
         Hin in den Schutt der Athenertempel

Und ihrer Götterbilder auch dich begräbt;
   Denn lang schon einsam stehst du, o Stolz der Welt,
      Die nicht mehr ist! – und o ihr schönen
         Inseln Ioniens, wo die Lüfte

Vom Meere kühl an warme Gestade wehn,
   Wenn unter kräft'ger Sonne die Traube reift,
      Ach! wo ein goldner Herbst dem armen
         Volk in Gesänge die Seufzer wandelt,

Wenn die Betrübten itzt ihr Limonenwald
   Und ihr Granatbaum, purpurner Äpfel voll
      Und süßer Wein und Pauk' und Zithar
         Zum labyrinthischen Tanze ladet –

Zu euch vielleicht, ihr Inseln! gerät noch einst
   Ein heimatloser Sänger; denn wandern muß
      Von Fremden er zu Fremden, und die
         Erde, die freie, sie muß ja leider!

Statt Vaterlands ihm dienen, so lang er lebt,
   Und wenn er stirbt – doch nimmer vergeß ich dich,
      So fern ich wandre, schöner Main! und
         Deine Gestade, die vielbeglückten.

Gastfreundlich nahmst du Stolzer! bei dir mich auf
   Und heitertest das Auge dem Fremdlinge,
      Und still hingleitende Gesänge
         Lehrtest du mich und geräuschlos Leben.

---

*   Kap Sunion, in der Nähe Athens an der Südspitze Attikas.

O ruhig mit den Sternen, du Glücklicher!
  Wallst du von deinem Morgen zum Abend fort,
    Dem Bruder zu, dem Rhein; und dann mit
      Ihm in den Ozean freudig nieder!

Mein Eigentum

In seiner Fülle ruhet der Herbsttag nun,
  Geläutert ist die Traub und der Hain ist rot
    Vom Obst, wenn schon der holden Blüten
      Manche der Erde zum Danke fielen.

Und rings im Felde, wo ich den Pfad hinaus
  Den stillen wandle, ist den Zufriedenen
    Ihr Gut gereift, und viel der frohen
      Mühe gewähret der Reichtum ihnen.

Vom Himmel blicket zu den Geschäftigen
  Durch ihre Bäume milde das Licht herab,
    Die Freude teilend, denn es wuchs durch
      Hände der Menschen allein die Frucht nicht.

Und leuchtest du, o Goldnes, auch mir, und wehst
  Auch du mir wieder Lüftchen, als segnetest
    Du eine Freude mir, wie einst, und
      Irrst, wie um Glückliche, mir am Busen?

Einst war ichs, doch wie Rosen, vergänglich war
  Das fromme Leben, ach und es mahnen noch
    Die blühend mir geblieben sind, die
      Holden Gestirne zu oft mich dessen.

Beglückt, wer, ruhig liebend ein frommes Weib,
  Am eignen Herd in rühmlicher Heimat lebt,
    Es leuchtet über festem Boden
      Schöner dem sicheren Mann sein Himmel.

Denn, wie die Pflanze, wurzelt auf eignem Grund
   Sie nicht, verglüht die Seele des Sterblichen,
     Der mit dem Tageslichte nur, ein
       Armer, auf heiliger Erde wandelt.

Zu mächtig ach! ihr himmlischen Höhen zieht
   Ihr mich empor; bei Stürmen, am heitern Tag
     Fühl ich verzehrend euch im Busen
       Wechseln, ihr wandelnden Götterkräfte.

Doch heute laß mich stille den trauten Pfad
   Zum Haine gehn, dem golden die Wipfel schmückt
     Sein sterbend Laub, und kränzt auch mir die
       Stirne, ihr holden Erinnerungen!

Und daß auch mir zu retten mein sterblich Herz,
   Wie andern eine bleibende Stätte sei,
     Und heimatlos die Seele mir nicht
       Über das Leben hinweg sich sehne

Sei du, Gesang, mein freundlich Asyl! sei du
   Beglückender! mit sorgender Liebe mir
     Gepflegt, der Garten, wo ich, wandelnd
       Unter den Blüten, den immerjungen

In sichrer Einfalt wohne, wenn draußen mir
   Mit ihren Wellen alle die mächtge Zeit
     Die Wandelbare fern rauscht und die
       Stillere Sonne mein Wirken fördert.

Ihr segnet gütig über den Sterblichen
   Ihr Himmelskräfte! jedem sein Eigentum,
     O segnet meines auch und daß zu
       Frühe die Parze den Traum nicht ende.

Gesang des Deutschen

O heilig Herz der Völker, o Vaterland!
  Allduldend, gleich der schweigenden Mutter Erd',
    Und allverkannt, wenn schon aus deiner
      Tiefe die Fremden ihr Bestes haben!

Sie ernten den Gedanken, den Geist von dir,
  Sie pflücken gern die Traube, doch höhnen sie
    Dich, ungestalte Rebe! daß du
      Schwankend den Boden und wild umirrest.

Du Land des hohen ernsteren Genius!
  Du Land der Liebe! bin ich der deine schon,
    Oft zürnt' ich weinend, daß du immer
      Blöde die eigene Seele leugnest.

Doch magst du manches Schöne nicht bergen mir;
  Oft stand ich überschauend das holde Grün,
    Den weiten Garten hoch in deinen
      Lüften auf hellem Gebirg' und sah dich.

An deinen Strömen ging ich und dachte dich,
  Indes die Töne schüchtern die Nachtigall
    Auf schwanker Weide sang, und still auf
      Dämmerndem Grunde die Welle weilte.

Und an den Ufern sah ich die Städte blühn,
  Die Edlen, wo der Fleiß in der Werkstatt schweigt,
    Die Wissenschaft, wo deine Sonne
      Milde dem Künstler zum Ernste leuchtet.

Kennst du Minervas Kinder? sie wählten sich
  Den Ölbaum früh zum Lieblinge; kennst du sie?
    Noch lebt, noch waltet der Athener
      Seele, die sinnende, still bei Menschen,

Wenn Platons frommer Garten auch schon nicht mehr
  Am alten Strome grünt und der dürftge Mann
    Die Heldenasche pflügt, und scheu der
      Vogel der Nacht auf der Säule trauert.

O heilger Wald! o Attika! traf Er doch
  Mit seinem furchtbarn Strahle dich auch, so bald,
    Und eilten sie, die dich belebt, die
      Flammen entbunden zum Äther über?

Doch, wie der Frühling, wandelt der Genius
  Von Land zu Land. Und wir? ist denn Einer auch
    Von unsern Jünglingen, der nicht ein
      Ahnden, ein Rätsel der Brust, verschwiege?

Den deutschen Frauen danket! sie haben uns
  Der Götterbilder freundlichen Geist bewahrt,
    Und täglich sühnt der holde klare
      Friede das böse Gewirre wieder.

Wo sind jetzt Dichter, denen der Gott es gab,
  Wie unsern Alten, freudig und fromm zu sein,
    Wo Weise, wie die unsre sind? die
      Kalten und Kühnen, die Unbestechbarn!

Nun! sei gegrüßt in deinem Adel, mein Vaterland,
  Mit neuem Namen, reifeste Frucht der Zeit!
    Du letzte und du erste aller
      Musen, Urania, sei gegrüßt mir!

Noch säumst und schweigst du, sinnest ein freudig Werk,
  Das von dir zeuge, sinnest ein neu Gebild,
    Das einzig, wie du selber, das aus
      Liebe geboren und gut, wie du, sei –

Wo ist dein Delos, wo dein Olympia,
  Daß wir uns alle finden am höchsten Fest? –
    Doch wie errät der Sohn, was du den
      Deinen, Unsterbliche, längst bereitest?

Geh unter, schöne Sonne

Geh unter, schöne Sonne, sie achteten
  Nur wenig dein, sie kannten dich, Heilge, nicht,
    Denn mühelos und stille bist du
      Über den mühsamen aufgegangen.

Mir gehst du freundlich unter und auf, o Licht!
  Und wohl erkennt mein Auge dich, herrliches!
    Denn göttlich stille ehren lernt' ich
      Da Diotima den Sinn mir heilte.

O du des Himmels Botin! wie lauscht ich dir!
  Dir, Diotima! Liebe! wie sah von dir
    Zum goldnen Tage dieses Auge
      Glänzend und dankend empor. Da rauschten

Lebendiger die Quellen, es atmeten
  Der dunkeln Erde Blüten mich liebend an,
    Und lächelnd über Silberwolken
      Neigte sich segnend herab der Äther.

An die Deutschen

Spottet nimmer des Kinds, wenn noch das alberne
  Auf dem Rosse von Holz herrlich und viel sich dünkt,
    O ihr Guten! auch wir sind
      Tatenarm und gedankenvoll!

Aber kommt, wie der Strahl aus dem Gewölke kommt,
  Aus Gedanken vielleicht, geistig und reif die Tat?
    Folgt die Frucht, wie des Haines
      Dunklere Blatte, der stillen Schrift?

Und das Schweigen im Volk, ist es die Feier schon
  Vor dem Feste? die Furcht, welche den Gott ansagt?
    O dann nimmt mich, ihr Lieben!
      Daß ich büße die Lästerung.

Schon zu lange, zu lang irr ich, dem Laien gleich,
    In des bildenden Geists werdender Werkstatt hier,
        Nur was blühet, erkenn ich,
           Was er sinnet, erkenn ich nicht.

Und zu ahnen ist süß, aber ein Leiden auch,
    Und schon Jahre genug leb' ich in sterblicher
        Unverständiger Liebe
           Zweifelnd, immer bewegt vor ihm,

Der das stetige Werk immer aus liebender
    Seele näher mir bringt, lächelnd dem Sterblichen
        Wo ich zage, des Lebens
           Reine Tiefe zu Reife bringt.

Schöpferischer, o wann, Genius unsers Volks,
    Wann erscheinest du ganz, Seele des Vaterlands,
        Daß ich tiefer mich beuge
           Daß die leiseste Saite selbst

Mir verstumme vor dir, daß ich beschämt
    Eine Blume der Nacht, himmlischer Tag, vor dir
        Enden möge mit Freuden
           Wenn sie alle, mit denen ich

Vormals trauerte, wenn unsere Städte nun
    Hell und offen und wach, reineren Feuers voll
        Und die Berge des deutschen
           Landes Berge der Musen sind,

Wie die herrlichen einst, Pindos und Helikon*,
    Und Parnassos, und rings unter des Vaterlands
        Goldnem Himmel die freie
           Klare geistige Freude glänzt.

---

*   Berg in Böotien, auf dem sich ein Heiligtum Apolls und der Musen befin-
det.

Wohl ist enge begrenzt unsere Lebenszeit,
   Unserer Jahre Zahl sehen und zählen wir,
      Doch die Jahre der Völker,
        Sah ein sterbliches Auge sie?

Wenn die Seele dir auch über die eigne Zeit
   Sich die sehnende schwingt, trauernd verweilest du
      Dann am kalten Gestade
        Bei den Deinen und kennst sie nie,

Und die Künftigen auch, sie, die Verheißenen
   Wo, wo siehest du sie, daß du an Freundeshand
      Einmal wieder erwarmest,
        Einer Seele vernehmlich seist?

Klanglos, ists in der Halle längst,
   Armer Seher! bei dir, sehnend verlischt dein Aug
      Und du schlummerst hinunter
        Ohne Namen und unbeweint.

Wie wenn am Feiertage

Wie wenn am Feiertage, das Feld zu sehn
Ein Landmann geht, des Morgens, wenn
Aus heißer Nacht die kühlenden Blitze fielen
Die ganze Zeit und fern noch tönet der Donner,
In sein Gestade wieder tritt der Strom,
Und frisch der Boden grünt
Und von des Himmels erfreuendem Regen
Der Weinstock trauft und glänzend
In stiller Sonne stehn die Bäume des Haines:

So stehn sie unter günstiger Witterung
Sie die kein Meister allein, die wunderbar
Allgegenwärtig erzieht in leichtem Umfangen
Die mächtige, die göttlichschöne Natur.
Drum wenn zu schlafen sie scheint zu Zeiten des Jahrs
Am Himmel oder unter den Pflanzen oder den Völkern

So trauert der Dichter Angesicht auch,
Sie scheinen allein zu sein, doch ahnen sie immer.
Denn ahnend ruhet sie selbst auch.

Jetzt aber tagts! Ich harrt und sah es kommen,
Und was ich sah, das Heilige sei mein Wort.
Denn sie, sie selbst, die älter denn die Zeiten
Und über die Götter des Abends und Orients ist,
Die Natur ist jetzt mit Waffenklang erwacht,
Und hoch vom Äther bis zum Abgrund nieder
Nach festem Gesetze, wie einst, aus heiligem Chaos gezeugt,
Fühlt neu die Begeisterung sich,
Die Allerschaffende wieder.

Und wie im Aug' ein Feuer dem Manne glänzt,
Wenn hohes er entwarf; so ist
Von neuem an den Zeichen, den Taten der Welt jetzt
Ein Feuer angezündet in Seelen der Dichter.
Und was zuvor geschah, doch kaum gefühlt,
Ist offenbar erst jetzt,
Und die uns lächelnd den Acker gebauet,
In Knechtsgestalt, sie sind erkannt,
Die Allebendigen, die Kräfte der Götter.

Erfrägst du sie? im Liede wehet ihr Geist
Wenn es der Sonne des Tags und warmer Erd
Entwächst, und Wettern, die in der Luft, und andern
Die vorbereiteter in Tiefen der Zeit,
Und deutungsvoller, und vernehmlicher uns
Hinwandeln zwischen Himmel und Erd und unter den Völkern
Des gemeinsamen Geistes Gedanken sind,
Still endend in der Seele des Dichters,

Daß schnellbetroffen sie, Unendlichem
Bekannt seit langer Zeit, von Erinnerung
Erbebt, und ihr, von heilgem Strahl entzündet,
Die Frucht in Liebe geboren, der Götter und Menschen Werk
Der Gesang, damit er beiden zeuge, glückt.
So fiel, wie Dichter sagen, da sie sichtbar

Den Gott zu sehen begehrte, sein Blitz auf Semeles* Haus
Und die göttlichgetroffne gebar,
Die Frucht des Gewitters, den heiligen Bacchus.

Und daher trinken himmlisches Feuer jetzt
Die Erdensöhne ohne Gefahr.
Doch uns gebührt es, unter Gottes Gewittern,
Ihr Dichter! mit entblößtem Haupte zu stehen,
Des Vaters Strahl, ihn selbst, mit eigner Hand
Zu fassen und dem Volk ins Lied
Gehüllt die himmlische Gabe zu reichen.
Denn sind nur reinen Herzens,
Wie Kinder, wir, sind schuldlos unsere Hände,

Des Vaters Strahl, der reine versengt es nicht
Und tieferschüttert, die Leiden des Stärkeren
Mitleidend, bleibt in den hochherstürzenden Stürmen
Des Gottes, wenn er nahet, das Herz doch fest.
Doch weh mir! wenn von

Weh mir!

Und sag ich gleich,

Ich sei genaht, die Himmlischen zu schauen,
Sie selbst, sie werfen mich tief unter die Lebenden
Den falschen Priester, ins Dunkel, daß ich
Das warnende Lied den Gelehrigen singe.
Dort

Empedokles

Das Leben suchst du, suchst, und es quillt und glänzt
    Ein göttlich Feuer tief aus der Erde dir,
      Und du in schauderndem Verlangen
        Wirfst dich hinab, in des Ätna Flammen.

---

*   mythische Figur, Mutter des Dionysos.

So schmelzt' im Weine Perlen der Übermut
   Der Königin; und mochte sie doch! hättst du
     Nur deinen Reichtum nicht, o Dichter
      Hin in den gärenden Kelch geopfert!

Doch heilig bist du mir, wie der Erde Macht,
   Die dich hinwegnahm, kühner Getöteter!
     Und folgen möcht' ich in die Tiefe,
      Hielte die Liebe mich nicht, dem Helden.

Heidelberg

Lange lieb' ich dich schon, möchte dich, mir zur Lust,
   Mutter nennen, und dir schenken ein kunstlos Lied,
     Du, der Vaterlandsstädte
      Ländlichschönste, so viel ich sah.

Wie der Vogel des Walds über die Gipfel fliegt,
   Schwingt sich über den Strom, wo er vorbei dir glänzt,
     Leicht und kräftig die Brücke,
      Die von Wagen und Menschen tönt.

Wie von Göttern gesandt, fesselt' ein Zauber einst
   Auf die Brücke mich an, da ich vorüber ging,
     Und herein in die Berge
      Mir die reizende Ferne schien,

Und der Jüngling, der Strom, fort in die Ebne zog,
   Traurigfroh, wie das Herz, wenn es, sich selbst zu schön,
     Liebend unterzugehen,
      In die Fluten der Zeit sich wirft.

Quellen hattest du ihm, hattest dem Flüchtigen
   Kühle Schatten geschenkt, und die Gestade sahn
     All' ihm nach, und es bebte
      Aus den Wellen ihr lieblich Bild.

Aber schwer in das Tal hing die gigantische,
  Schicksalskundige Burg nieder bis auf den Grund
    Von den Wettern zerrissen;
      Doch die ewige Sonne goß

Ihr verjüngendes Licht über das alternde
  Riesenbild, und umher grünte lebendiger
    Efeu; freundliche Wälder
      Rauschten über die Burg herab.

Sträuche blühten herab, bis wo im heitern Tal,
  An den Hügel gelehnt, oder dem Ufer hold,
    Deine fröhlichen Gassen
      Unter duftenden Gärten ruhn.

Der Neckar

In deinen Tälern wachte mein Herz mir auf
  Zum Leben, deine Wellen umspielten mich,
    Und all der holden Hügel, die dich
      Wanderer! kennen, ist keiner fremd mir.

Auf ihren Gipfeln löste des Himmels Luft
  Mir oft der Knechtschaft Schmerzen; und aus dem Tal,
    Wie Leben aus dem Freudebecher,
      Glänzte die bläuliche Silberwelle.

Der Berge Quellen eilten hinab zu dir,
  Mit ihnen auch mein Herz und du nahmst uns mit,
    Zum stillerhabnen Rhein, zu seinen
      Städten hinunter und lustgen Inseln.

Noch dünkt die Welt mir schön, und das Aug entflieht
  Verlangend nach den Reizen der Erde mir,
    Zum goldenen Paktol, zu Smirnas
      Ufer, zu Ilions Wald. Auch möcht ich

Bei Sunium oft landen, den stummen Pfad
   Nach deinen Säulen fragen, Olympion!
     Noch eh der Sturmwind und das Alter
      Hin in den Schutt der Athenertempel

Und ihrer Gottesbilder auch dich begräbt,
   Denn lang schon einsam stehst du, o Stolz der Welt,
     Die nicht mehr ist. Und o ihr schönen
      Inseln Ioniens! wo die Meerluft

Die heißen Ufer kühlt und den Lorbeerwald
   Durchsäuselt, wenn die Sonne den Weinstock wärmt,
     Ach! wo ein goldner Herbst dem armen
      Volk in Gesänge die Seufzer wandelt,

Wenn sein Granatbaum reift, wenn aus grüner Nacht
   Die Pomeranze blinkt, und der Mastyxbaum
     Von Harze träuft und Pauk und Cymbel
      Zum labyrinthischen Tanze klingen.

Zu euch, ihr Inseln! bringt mich vielleicht, zu euch
   Mein Schutzgott einst; doch weicht mir aus treuem Sinn
     Auch da mein Neckar nicht mit seinen
      Lieblichen Wiesen und Uferweiden.

Die Heimat

Froh kehrt der Schiffer heim an den stillen Strom,
   Von Inseln fernher, wenn er geerntet hat;
     So käm' auch ich zur Heimat, hätt' ich
      Güter so viele, wie Leid, geerntet.

Ihr teuern Ufer, die mich erzogen einst,
   Stillt ihr der Liebe Leiden, versprecht ihr mir,
     Ihr Wälder meiner Jugend, wenn ich
      Komme, die Ruhe noch einmal wieder?

Am kühlen Bache, wo ich der Wellen Spiel,
Am Strome, wo ich gleiten die Schiffe sah,
    Dort bin ich bald; euch traute Berge,
      Die mich behüteten einst, der Heimat

Verehrte sichre Grenzen, der Mutter Haus
Und liebender Geschwister Umarmungen
    Begrüß' ich bald und ihr umschließt mich,
      Daß, wie in Banden, das Herz mir heile,

Ihr treugebliebnen! aber ich weiß, ich weiß,
Der Liebe Leid, dies heilet so bald mir nicht,
    Dies singt kein Wiegensang, den tröstend
      Sterbliche singen, mir aus dem Busen.

Denn sie, die uns das himmlische Feuer leihn,
Die Götter schenken heiliges Leid uns auch,
    Drum bleibe dies. Ein Sohn der Erde
      Schein' ich; zu lieben gemacht, zu leiden.

Lebenslauf

Größers wolltest auch du, aber die Liebe zwingt
All uns nieder, das Leid beuget gewaltiger,
    Doch es kehret umsonst nicht
      Unser Bogen, woher er kommt.

Aufwärts oder hinab! herrschet in heil'ger Nacht,
Wo die stumme Natur werdende Tage sinnt,
    Herrscht im schiefesten Orkus
      Nicht ein Grades, ein Recht noch auch?

Dies erfuhr ich. Denn nie, sterblichen Meistern gleich,
Habt ihr Himmlischen, ihr Alleserhaltenden,
    Daß ich wüßte, mit Vorsicht,
      Mich des ebenen Pfads geführt.

Alles prüfe der Mensch, sagen die Himmlischen,
   Daß er, kräftig genährt, danken für Alles lern',
     Und verstehe die Freiheit,
       Aufzubrechen, wohin er will.

Ihre Genesung

Sieh! dein Liebstes, Natur, leidet und schläft und du
   Allesheilende, säumst? oder ihr seids nicht mehr,
     Zarte Lüfte des Äthers,
       Und ihr Quellen des Morgenlichts?

Alle Blumen der Erd, alle die goldenen
   Frohen Früchte des Hains, alle sie heilen nicht
     Dieses Leben, ihr Götter,
       Das ihr selber doch euch erzogt?

Ach! schon atmet und tönt heilige Lebenslust
   Ihr im reizenden Wort wieder, wie sonst und schon
     Glänzt in zärtlicher Jugend
       Deine Blume wie sonst, dich an,

Heilge Natur, o du, welche zu oft, zu oft,
   Wenn ich trauernd versank, lächelnd das zweifelnde
     Haupt mit Gaben umkränzte,
       Jugendliche, nun auch, wie sonst!

Wenn ich altre dereinst, siehe so geb ich dir,
   Die mich täglich verjüngt, Allesverwandelnde,
     Deiner Flamme die Schlacken,
       Und ein anderes leb ich auf.

Der Abschied

Zweite Fassung

Trennen wollten wir uns? wähnten es gut und klug?
　　Da wirs taten, warum schröckte, wie Mord, die Tat?
　　　Ach! wir kennen uns wenig,
　　　　Denn es waltet ein Gott in uns.

Den verraten? ach ihn, welcher uns alles erst,
　　Sinn und Leben erschuf, ihn, den beseelenden
　　　Schutzgott unserer Liebe,
　　　　Dies, dies Eine vermag ich nicht.

Aber anderen Fehl denket der Weltsinn sich,
　　Andern ehernen Dienst übt er und anders Recht,
　　　Und es listet die Seele
　　　　Tag für Tag der Gebrauch uns ab.

Wohl! ich wußt' es zuvor. Seit die gewurzelte
　　Ungestalte die Furcht Götter und Menschen trennt,
　　　Muß, mit Blut sie zu sühnen,
　　　　Muß der Liebenden Herz vergehn.

Laß mich schweigen! o laß nimmer von nun an mich
　　Dieses Tödliche sehn, daß ich im Frieden doch
　　　Hin ins Einsame ziehe,
　　　　Und noch unser der Abschied sei!

Reich die Schale mir selbst, daß ich des rettenden
　　Heilgen Giftes genug, daß ich des Lethetranks
　　　Mit dir trinke, daß alles
　　　　Haß und Liebe vergessen sei!

Hingehn will ich. Vielleicht seh' ich in langer Zeit
　　Diotima! dich hier. Aber verblutet ist
　　　Dann das Wünschen und friedlich
　　　　Gleich den Seligen, fremde gehen

Wir umher, ein Gespräch führet uns ab und auf,
   Sinnend, zögernd, doch itzt mahnt die Vergessenen
     Hier die Stelle des Abschieds,
       Es erwarmet ein Herz in uns,

Staunend seh' ich dich an, Stimmen und süßen Sang,
   Wie aus voriger Zeit hör' ich und Saitenspiel,
     Und die Lilie duftet
       Golden über dem Bach uns auf.

Diotima

Du schweigst und duldest, denn sie verstehn dich nicht,
   Du edles Leben! siehest zur Erd' und schweigst
     Am schönen Tag, denn ach! umsonst nur
       Suchst du die Deinen im Sonnenlichte,

Die Königlichen, welche, wie Brüder doch,
   Wie eines Hains gesellige Gipfel sonst
     Der Lieb' und Heimat sich und ihres
       Immerumfangenden Himmels freuten,

Des Ursprungs noch in tönender Brust gedenk;
   Die Dankbarn, sie, sie mein' ich, die einzigtreu
     Bis in den Tartarus hinab die Freude
       Brachten, die Freien, die Göttermenschen,

Die zärtlichgroßen Seelen, die nimmer sind;
   Denn sie beweint, so lange das Trauerjahr
     Schon dauert, von den vor'gen Sternen
       Täglich gemahnt, das Herz noch immer

Und diese Totenklage, sie ruht nicht aus.
   Die Zeit doch heilt. Die Himmlischen sind jetzt stark,
     Sind schnell. Nimmt denn nicht schon ihr altes
       Freudiges Recht die Natur sich wieder?

Sieh! eh noch unser Hügel, o Liebe, sinkt,
    Geschiehts, und ja! noch siehet mein sterblich Lied
        Den Tag, der, Diotima! nächst den
           Göttern mit Helden dich nennt, und dir gleicht.

Rückkehr in die Heimat

Ihr milden Lüfte! Boten Italiens!
    Und du mit deinen Pappeln, geliebter Strom!
        Ihr wogenden Gebirg! o all ihr
           Sonnigen Gipfel, so seid ihrs wieder?

Du stiller Ort! in Träumen erschienst du fern
    Nach hoffnungslosem Tage dem Sehnenden,
        Und du mein Haus, und ihr Gespielen,
           Bäume des Hügels, ihr wohlbekannten!

Wie lang ists, o wie lange! des Kindes Ruh
    Ist hin, und hin ist Jugend und Lieb' und Lust;
        Doch du, mein Vaterland! du heilig-
           Duldendes! siehe, du bist geblieben.

Und darum, daß sie dulden mit dir, mit dir
    Sich freun, erziehst du, teures! die Deinen auch
        Und mahnst in Träumen, wenn sie ferne
           Schweifen und irren, die Ungetreuen.

Und wenn im heißen Busen dem Jünglinge
    Die eigenmächt'gen Wünsche besänftiget
        Und stille vor dem Schicksal sind, dann
           Gibt der Geläuterte dir sich lieber.

Lebt wohl dann, Jugendtage, du Rosenpfad
    Der Lieb', und all' ihr Pfade des Wanderers,
        Lebt wohl! und nimm und segne du mein
           Leben, o Himmel der Heimat, wieder!

Elegie

Täglich geh' ich heraus und such' ein Anderes immer,
　　Habe längst sie befragt, alle die Pfade des Lands;
Droben die kühlenden Höhn, die Schatten alle besuch' ich,
　　Und die Quellen; hinauf irret der Geist und hinab,
Ruh' erbittend; so flieht das getroffene Wild in die Wälder,
　　Wo es um Mittag sonst sicher im Dunkel geruht;
Aber nimmer erquickt sein grünes Lager das Herz ihm
　　Wieder und schlummerlos treibt es der Stachel umher.
Nicht die Wärme des Lichts und nicht die Kühle der Nacht hilft
　　Und in Wogen des Stroms taucht es die Wunden umsonst.
Ihm bereitet umsonst die Erd' ihr stärkendes Heilkraut
　　Und sein schäumendes Blut stillen die Lüftchen umsonst.

Wehe! so ists auch, so, ihr Todesgötter! vergebens,
　　Wenn ihr ihn haltet und fest habt den bezwungenen Mann,
Wenn ihr einmal hinab in eure Nacht ihn gerissen,
　　Dann zu suchen zu flehn, oder zu zürnen mit euch,
Oder geduldig auch wohl in euren Banden zu wohnen
　　Und mit Lächeln von euch hören das furchtbare Lied.
Denn bestehn, wie anderes, muß in seinem Gesetze,
　　Immer altern und nie enden das schaurige Reich.
Aber noch immer nicht, o meine Seele! noch kannst dus
　　Nicht gewohnen und träumst mitten im eisernen Schlaf.

Tag der Liebe! scheinest du auch den Toten, du goldner!
　　Bilder aus hellerer Zeit leuchtet ihr mir in die Nacht?
Liebliche Gärten, seid, ihr abendrötlichen Berge,
　　Seid willkommen, und ihr, schweigende Pfade des Hains.
Zeugen himmlischen Glücks! und ihr, allschauende Sterne,
　　Die mir damals oft segnende Blicke gegönnt!
Euch, ihr Liebenden, auch, ihr schönen Kinder des Frühlings,
　　Stille Rosen und euch, Lilien! nenn' ich noch oft, –
Ihr Vertrauten! ihr Lebenden all', einst nahe dem Herzen,
　　Einst wahrhaftiger, einst heller und schöner gesehn!
Tage kommen und gehn, ein Jahr verdränget das andre,
　　Wechselnd und streitend; so tost furchtbar vorüber die Zeit
Über sterblichem Haupt, doch nicht vor seligen Augen,
　　Und den Liebenden ist anderes Leben gewährt.

Denn sie alle die Tag' und Stunden und Jahre der Sterne
  Und der Menschen, zur Lust anders und anders bekränzt
Fröhlicher, ernster, sie all', als echte Kinder des Äthers
  Lebten, in Wonne vereint, innig und ewig um uns.
Aber wir, unschädlich gesellt, wie die friedlichen Schwäne,
  Wenn sie ruhen am See, oder, auf Wellen gewiegt,
Niedersehn in die Wasser, wo silberne Wolken sich spiegeln,
  Und das himmlische Blau unter den Schiffenden wallt,
So auf Erden wandelten wir. Und drohte der Nord auch,
  Er, der Liebenden Feind, sorgenbereitend, und fiel
Von den Ästen das Laub und flog im Winde der Regen,
  Lächelten ruhig wir, fühlten den Gott und das Herz
Unter trautem Gespräch, im hellen Seelengesange,
  So im Frieden mit uns kindlich und selig allein.

Ach! wo bist du, Liebende, nun? Sie haben mein Auge
  Mir genommen, mein Herz hab' ich verloren mit ihr.
Darum irr' ich umher, und wohl, wie die Schatten, so muß ich
  Leben und sinnlos dünkt lange das Übrige mir.
Danken möcht' ich, aber wofür? verzehret das Letzte
  Selbst die Erinnerung nicht? nimmt von der Lippe denn nicht
Bessere Rede mir der Schmerz, und lähmet ein Fluch nicht
  Mir die Sehnen und wirft, wo ich beginne, mich weg?
Daß ich fühllos sitze den Tag und stumm, wie die Kinder,
  Nur vom Auge mir kalt öfters die Tropfe noch schleicht,
Und in schaudernder Brust die allerwärmende Sonne
  Kühl und fruchtlos mir dämmert, wie Strahlen der Nacht,
Sonst mir anders bekannt! O Jugend! und bringen Gebete
  Dich nicht wieder, dich nie? führt kein Pfad mich zurück?
Soll es werden auch mir, wie den Tausenden, die in den Tagen
  Ihres Frühlings doch auch ahndend und liebend gelebt,
Aber am trunkenen Tag von den rächenden Parzen ergriffen,
  Ohne Klag' und Gesang heimlich hinuntergeführt
Dort im allzunüchternen Reich, dort büßen im Dunkeln,
  Wo bei trügrischem Schein irres Gewimmel sich treibt,
Wo die langsame Zeit bei Frost und Dürre sie zählen,
  Nur in Seufzern der Mensch noch die Unsterblichen preist?

Aber o du, die noch am Scheidewege mir damals,
  Da ich versank vor dir, tröstend ein Schöneres wies,
Du, die Großes zu sehn und die schweigenden Götter zu singen,
  Selber schweigend mich einst stillebegeisternd gelehrt,
Götterkind! erscheinest du mir und grüßest, wie einst, mich,
  Redest wieder, wie einst, Leben und Frieden mir zu?
Siehe! weinen vor dir und klagen muß ich, wenn schon noch
  Denkend der edleren Zeit, dessen die Seele sich schämt.
Denn zu lange, zu lang' auf matten Pfaden der Erde
  Bin ich, deiner gewohnt, einsam gegangen indes,
O mein Schutzgeist! denn wie der Nord die Wolke des Herbsttags
  Scheuchten von Ort zu Ort feindliche Geister mich fort.
So zerrann mein Leben, ach! so ists anders geworden,
  Seit, o Liebe, wir einst gingen am ruhigen Strom.
Aber dich, dich erhielt dein Licht, o Heldin! im Lichte,
  Und dein Dulden erhielt liebend, o Himmlische! dich.
Und sie selbst, die Natur und ihre melodischen Musen
  Sangen aus heimischen Höhn Wiegengesänge dir zu.
Noch, noch ist sie es ganz! noch schwebt vom Haupte zur Sohle,
  Stillhinwandelnd, wie sonst, mir die Athenerin vor.
Selig, selig ist sie! denn es scheut die Kinder des Himmels
  Selbst der Orkus, es rinnt, gleich den Unsterblichen selbst,
Ihnen der milde Geist von heitersinnender Stirne,
  Wo sie auch wandeln und sind, segnend und sicher herab.

Darum möcht', ihr Himmlischen! euch ich danken und endlich
  Tönet aus leichter Brust wieder des Sängers Gebet.
Und, wie wenn ich mit ihr auf Bergeshöhen mit ihr stand,
  Wehet belebend auch mich, göttlicher Othem mich an.
Leben will ich denn auch! schon grünen die Pfade der Erde
  Schöner und schöner schließt wieder die Sonne sich auf.
Komm! es war, wie ein Traum! die blutenden Fittige sind ja
  Schon genesen, verjüngt wachen die Hoffnungen all.
Dien' im Orkus, wem es gefällt! wir, welche die stille
  Liebe bildete, wir suchen zu Göttern die Bahn.
Und geleitet ihr uns, ihr Weihestunden! ihr ernsten,
  Jugendlichen! o bleibt, heilige Ahnungen, ihr,
Fromme Bitten, und ihr Begeisterungen, und all ihr
  Schönen Genien, die gerne bei Liebenden sind,

Bleibet, bleibet mit uns, bis wir auf seligen Inseln,
    Wo die Unsern vielleicht, Dichter der Liebe, mit uns,
Oder auch, wo die Adler sind, in Lüften des Vaters,
    Dort, wo die Musen, woher all' die Unsterblichen sind,
Dort uns staunend und fremd und bekannt uns wieder begegnen,
    Und von neuem ein Jahr unserer Liebe beginnt.

Der Wanderer

Zweite Fassung

Einsam stand ich und sah in die Afrikanischen dürren
    Ebnen hinaus; vom Olymp regnete Feuer herab,
Reißendes! milder kaum, wie damals, da das Gebirg hier
    Spaltend mit Strahlen der Gott Höhen und Tiefen gebaut.
Aber auf denen springt kein frischaufgrünender Wald nicht
    In die tönende Luft üppig und herrlich empor.
Unbekränzt ist die Stirne des Bergs und beredsame Bäche
    Kennet er kaum, es erreicht selten die Quelle das Tal.
Keiner Herde vergeht am plätschernden Brunnen der Mittag,
    Freundlich aus Bäumen hervor blickte kein gastliches Dach.
Unter dem Strauche saß ein ernster Vogel gesanglos,
    Aber die Wanderer flohn eilend, die Störche, vorbei.
Da bat ich um Wasser dich nicht, Natur! in der Wüste,
    Wasser bewahrte mir treulich das fromme Kamel.
Um der Haine Gesang, ach! um die Gärten des Vaters
    Bat ich vom wandernden Vogel der Heimat gemahnt.
Aber du sprachst zu mir: auch hier sind Götter und walten,
    Groß ist ihr Maß, doch es mißt gern mit der Spanne der Mensch.

————————

Und es trieb die Rede mich an, noch Andres zu suchen,
    Fern zum nördlichen Pol kam ich in Schiffen herauf.
Still in der Hülse von Schnee schlief da das gefesselte Leben,
    Und der eiserne Schlaf harrte seit Jahren des Tags.
Denn zu lang nicht schlang um die Erde den Arm der Olymp hier,
    Wie Pygmalions Arm um die Geliebte sich schlang.
Hier bewegt' er ihr nicht mit dem Sonnenblicke den Busen,
    Und in Regen und Tau sprach er nicht freundlich zu ihr;

Und mich wunderte des und törig sprach ich: o Mutter
    Erde, verlierst du denn immer, als Witwe, die Zeit?
Nichts zu erzeugen ist ja und nichts zu pflegen in Liebe,
    Alternd im Kinde sich nicht wieder zu sehn, wie der Tod.
Aber vielleicht erwarmst du dereinst am Strahle des Himmels,
    Aus dem dürftigen Schlaf schmeichelt sein Othem dich auf;
Daß, wie ein Samkorn, du die eherne Schale zersprengest,
    Los sich reißt und das Licht grüßt die entbundene Welt,
All' die gesammelte Kraft aufflammt in üppigem Frühling,
    Rosen glühen und Wein sprudelt im kärglichen Nord.

Also sagt' ich und jetzt kehr' ich an den Rhein, in die Heimat,
    Zärtlich, wie vormals, weh'n Lüfte der Jugend mich an;
Und das strebende Herz besänftigen mir die vertrauten
    Offnen Bäume, die einst mich in den Armen gewiegt,
Und das heilige Grün, der Zeuge des seligen, tiefen
    Lebens der Welt, es erfrischt, wandelt zum Jüngling mich um.
Alt bin ich geworden indes, mich bleichte der Eispol,
    Und im Feuer des Süds fielen die Locken mir aus.
Aber wenn einer auch am letzten der sterblichen Tage,
    Fernher kommend und müd bis in die Seele noch jetzt
Wiedersähe dies Land, noch Einmal müßte die Wang' ihm
    Blüh'n, und erloschen fast glänzte sein Auge noch auf.
Seliges Tal des Rheins! kein Hügel ist ohne den Weinstock,
    Und mit der Traube Laub Mauer und Garten bekränzt,
Und des heiligen Tranks sind voll im Strome die Schiffe,
    Städt' und Inseln sie sind trunken von Weinen und Obst.
Aber lächelnd und ernst ruht droben der Alte, der Taunus,
    Und mit Eichen bekränzt neiget der Freie das Haupt.

Und jetzt kommt vom Walde der Hirsch, aus Wolken das
    Tagslicht,
    Hoch in heiterer Luft siehet der Falke sich um.
Aber unten im Tal, wo die Blume sich nähret von Quellen,
    Streckt das Dörfchen bequem über die Wiese sich aus.
Still ists hier. Fern rauscht die immer geschäftige Mühle,
    Aber das Neigen des Tags künden die Glocken mir an.
Lieblich tönt die gehämmerte Sens' und die Stimme des
    Landmanns,
    Der heimkehrend dem Stier gerne die Schritte gebeut,

Lieblich der Mutter Gesang, die im Grase sitzt mit dem Söhnlein;
    Satt vom Sehen entschliefs; aber die Wolken sind rot,
Und am glänzenden See, wo der Hain das offene Hoftor
    Übergrünt und das Licht golden die Fenster umspielt,
Dort empfängt mich das Haus und des Gartens heimliches
    Dunkel,
    Wo mit den Pflanzen mich einst liebend der Vater erzog;
Wo ich frei, wie Geflügelte, spielt' auf luftigen Ästen,
    Oder ins treue Blau blickte vom Gipfel des Hains.
Treu auch bist du von je, treu auch dem Flüchtlinge blieben,
    Freundlich nimmst du, wie einst, Himmel der Heimat, mich
    auf.

Noch gedeihn die Pfirsiche mir, mich wundern die Blüten,
    Fast, wie die Bäume, steht herrlich mit Rosen der Strauch.
Schwer ist worden indes von Früchten dunkel mein Kirschbaum,
    Und der pflückenden Hand reichen die Zweige sich selbst.
Auch zum Walde zieht mich, wie sonst, in die freiere Laube
    Aus dem Garten der Pfad oder hinab an den Bach,
Wo ich lag, und den Mut erfreut' am Ruhme der Männer
    Ahnender Schiffer; und das konnten die Sagen von euch,
Daß in die Meer' ich fort, in die Wüsten mußt', ihr Gewalt'gen!
    Ach! indes mich umsonst Vater und Mutter gesucht.
Aber wo sind sie? du schweigst? du zögerst? Hüter des Hauses!
    Hab' ich gezögert doch auch! habe die Schritte gezählt,
Da ich nahet', und bin, gleich Pilgern, stille gestanden.
    Aber gehe hinein, melde den Fremden, den Sohn,
Daß sich öffnen die Arm' und mir ihr Segen begegne,
    Daß ich geweiht und gegönnt wieder die Schwelle mir sei!
Aber ich ahn' es schon, in heilige Fremde dahin sind
    Nun auch sie mir, und nie kehret ihr Lieben zurück.

Vater und Mutter? und wenn noch Freunde leben, sie haben
    Andres gewonnen, sie sind nimmer die Meinigen mehr.
Kommen werd' ich, wie sonst, und die alten, die Namen der Liebe
    Nennen, beschwören das Herz, ob es noch schlage, wie sonst,
Aber stille werden sie sein. So bindet und scheidet
    Manches die Zeit. Ich dünk' ihnen gestorben, sie mir.
Und so bin ich allein. Du aber, über den Wolken,
    Vater des Vaterlands! mächtiger Äther! und du

Erd' und Licht! ihr einigen drei, die walten und lieben,
  Ewige Götter! mit euch brechen die Bande mir nie.
Ausgegangen von euch, mit euch auch bin ich gewandert,
  Euch, ihr Freudigen, euch bring' ich erfahrner zurück.
Darum reiche mir nun, bis oben an von des Rheines
  Warmen Bergen mit Wein reiche den Becher gefüllt!
Daß ich den Göttern zuerst und das Angedenken der Helden
  Trinke, der Schiffer, und dann eures, ihr Trautesten! auch
Eltern und Freund'! und der Mühn und aller Leiden vergesse
  Heut' und morgen und schnell unter den Heimischen sei.

Der Gang aufs Land

An Landauer[*]

Komm! ins Offene, Freund! zwar glänzt ein Weniges heute
  Nur herunter und eng schließet der Himmel uns ein.
Weder die Berge sind noch aufgegangen des Waldes
  Gipfel nach Wunsch und leer ruht von Gesange die Luft.
Trüb ists heut, es schlummern die Gäng' und die Gassen und
    fast will
  Mir es scheinen, es sei, als in der bleiernen Zeit.
Dennoch gelinget der Wunsch, Rechtgläubige zweifeln an Einer
  Stunde nicht und der Lust bleibe geweiht der Tag.
Denn nicht wenig erfreut, was wir vom Himmel gewonnen,
  Wenn ers weigert und doch gönnet den Kindern zuletzt.
Nur daß solcher Reden und auch der Schritt und der Mühe
  Wert der Gewinn und ganz wahr das Ergötzliche sei.
Darum hoff ich sogar, es werde, wenn das Gewünschte
  Wir beginnen und erst unsere Zunge gelöst,
Und gefunden das Wort, und aufgegangen das Herz ist,
  Und von trunkener Stirn' höher Besinnen entspringt,
Mit der unsern zugleich des Himmels Blüte beginnen,
  Und dem offenen Blick offen der Leuchtende sein.

---

[*] Christian Landauer, Stuttgarter Kaufmann, mit Hölderlin befreundet.

Denn nicht Mächtiges ists, zum Leben aber gehört es,
  Was wir wollen, und scheint schicklich und freudig zugleich.
Aber kommen doch auch der segenbringenden Schwalben
  Immer einige noch, ehe der Sommer ins Land.
Nämlich droben zu weihn bei guter Rede den Boden,
  Wo den Gästen das Haus baut der verständige Wirt;
Daß sie kosten und schaun das Schönste, die Fülle des Landes,
  Daß, wie das Herz es wünscht, offen, dem Geiste gemäß
Mahl und Tanz und Gesang und Stutgards Freude gekrönt sei,
  Deshalb wollen wir heut wünschend den Hügel hinauf.
Mög' ein Besseres noch das menschenfreundliche Mailicht
  Drüber sprechen, von selbst bildsamen Gästen erklärt,
Oder, wie sonst, wenns andern gefällt, denn alt ist die Sitte,
  Und es schauen so oft lächelnd die Götter auf uns,
Möge der Zimmermann vom Gipfel des Daches den Spruch tun,
  Wir, so gut es gelang, haben das Unsre getan.

Aber schön ist der Ort, wenn in Feiertagen des Frühlings
  Aufgegangen das Tal, wenn mit dem Neckar herab
Weiden grünend und Wald und all die grünenden Bäume
  Zahllos, blühend weiß, wallen in wiegender Luft
Aber mit Wölkchen bedeckt an Bergen herunter der Weinstock
  Dämmert und wächst und erwarmt unter dem sonnigen Duft.

Brot und Wein

An Heinze[*]

1

Rings um ruhet die Stadt; still wird die erleuchtete Gasse,
  Und, mit Fackeln geschmückt, rauschen die Wagen hinweg.
Satt gehn heim von Freuden des Tags zu ruhen die Menschen,
  Und Gewinn und Verlust wäget ein sinniges Haupt
Wohlzufrieden zu Haus; leer steht von Trauben und Blumen,
  Und von Werken der Hand ruht der geschäftige Markt.
Aber das Saitenspiel tönt fern aus Gärten; vielleicht, daß
  Dort ein Liebendes spielt oder ein einsamer Mann

---

[*] Wilhelm Heinse, 1746–1803, Autor des Romans *Ardinghello*.

Ferner Freunde gedenkt und der Jugendzeit; und die Brunnen
   Immerquillend und frisch rauschen an duftendem Beet.
Still in dämmriger Luft ertönen geläutete Glocken,
   Und der Stunden gedenk rufet ein Wächter die Zahl.
Jetzt auch kommet ein Wehn und regt die Gipfel des Hains auf,
   Sieh! und das Schattenbild unserer Erde, der Mond
Kommet geheim nun auch; die Schwärmerische, die Nacht kommt,
   Voll mit Sternen und wohl wenig bekümmert um uns,
Glänzt die Erstaunende dort, die Fremdlingin unter den Menschen
   Über Gebirgeshöhn traurig und prächtig herauf.

2

Wunderbar ist die Gunst der Hocherhabnen und niemand
   Weiß von wannen und was einem geschiehet von ihr.
So bewegt sie die Welt und die hoffende Seele der Menschen,
   Selbst kein Weiser versteht, was sie bereitet, denn so
Will es der oberste Gott, der sehr dich liebet, und darum
   Ist noch lieber, wie sie, dir der besonnene Tag.
Aber zuweilen liebt auch klares Auge den Schatten
   Und versuchet zu Lust, eh' es die Not ist, den Schlaf,
Oder es blickt auch gern ein treuer Mann in die Nacht hin,
   Ja, es ziemet sich ihr Kränze zu weihn und Gesang,
Weil den Irrenden sie geheiliget ist und den Toten,
   Selber aber besteht, ewig, in freiestem Geist.
Aber sie muß uns auch, daß in der zaudernden Weile,
   Daß im Finstern für uns einiges Haltbare sei,
Uns die Vergessenheit und das Heiligtrunkene gönnen,
   Gönnen das strömende Wort, das, wie die Liebenden, sei,
Schlummerlos und vollern Pokal und kühneres Leben,
   Heilig Gedächtnis auch, wachend zu bleiben bei Nacht.

3

Auch verbergen umsonst das Herz im Busen, umsonst nur
   Halten den Mut noch wir, Meister und Knaben, denn wer
Möcht' es hindern und wer möcht' uns die Freude verbieten?
   Göttliches Feuer auch treibet, bei Tag und bei Nacht,
Aufzubrechen. So komm! daß wir das Offene schauen,
   Daß ein Eigenes wir suchen, so weit es auch ist.
Fest bleibt Eins; es sei um Mittag oder es gehe
   Bis in die Mitternacht, immer bestehet ein Maß,

Allen gemein, doch jeglichem auch ist eignes beschieden,
    Dahin gehet und kommt jeder, wohin er es kann.
Drum! und spotten des Spotts mag gern frohlockender Wahnsinn,
    Wenn er in heiliger Nacht plötzlich die Sänger ergreift.
Drum an den Isthmos* komm! dorthin, wo das offene Meer rauscht
    Am Parnaß und der Schnee delphische Felsen umglänzt,
Dort ins Land des Olymps, dort auf die Höhe Kithärons**,
    Unter die Fichten dort, unter die Trauben, von wo
Thebe drunten und Ismenos rauscht im Lande des Kadmos***,
    Dorther kommt und zurück deutet der kommende Gott.

4

Seliges Griechenland! du Haus der Himmlischen alle,
    Also ist wahr, was einst wir in der Jugend gehört?
Festlicher Saal! der Boden ist Meer! und Tische die Berge,
    Wahrlich zu einzigem Brauche vor Alters gebaut!
Aber die Thronen, wo? die Tempel, und wo die Gefäße,
    Wo mit Nektar gefüllt, Göttern zu Lust der Gesang?
Wo, wo leuchten sie denn, die fernhintreffenden Sprüche?
    Delphi schlummert und wo tönet das große Geschick?
Wo ist das schnelle? wo brichts, allgegenwärtigen Glücks voll
    Donnernd aus heiterer Luft über die Augen herein?
Vater Äther! so riefs und flog von Zunge zu Zunge
    Tausendfach, es ertrug keiner das Leben allein;
Ausgeteilet erfreut solch Gut und getauschet, mit Fremden,
    Wirds ein Jubel, es wächst schlafend des Wortes Gewalt
Vater! heiter! und hallt, so weit es gehet, das uralt
    Zeichen, von Eltern geerbt, treffend und schaffend hinab.
Denn so kehren die Himmlischen ein, tiefschütternd gelangt so
    Aus den Schatten herab unter die Menschen ihr Tag.

5

Unempfunden kommen sie erst, es streben entgegen
    Ihnen die Kinder, zu hell kommet, zu blendend das Glück,
Und es scheut sie der Mensch, kaum weiß zu sagen ein Halbgott,
    Wer mit Namen sie sind, die mit den Gaben ihm nahn.

---

*   Landenge von Korinth.
**   Gebirge in der Nähe von Theben, wo die Anhänger des Dionysos ihre orgi-
     astischen Feste feierten.
***Theben und Fluß in der Nähe; Kadmos ist der Stammvater der Thebaner.

Aber der Mut von ihnen ist groß, es füllen das Herz ihm
    Ihre Freuden und kaum weiß er zu brauchen das Gut,
Schafft, verschwendet und fast ward ihm Unheiliges heilig,
    Das er mit segnender Hand törig und gütig berührt.
Möglichst dulden die Himmlischen dies; dann aber in
    Wahrheit
    Kommen sie selbst und gewohnt werden die Menschen des
    Glücks
Und des Tags und zu schaun die Offenbaren, das Antlitz
    Derer, welche, schon längst Eines und Alles genannt,
Tief die verschwiegene Brust mit freier Genüge gefüllet,
    Und zuerst und allein alles Verlangen beglückt;
So ist der Mensch; wenn da ist das Gut, und es sorget mit Gaben
    Selber ein Gott für ihn, kennet und sieht er es nicht.
Tragen muß er, zuvor; nun aber nennt er sein Liebstes,
    Nun, nun müssen dafür Worte, wie Blumen, entstehn.

6

Und nun denkt er zu ehren in Ernst die seligen Götter,
    Wirklich und wahrhaft muß alles verkünden ihr Lob.
Nichts darf schauen das Licht, was nicht den Hohen gefället,
    Vor den Äther gebührt müßigversuchendes nicht.
Drum in der Gegenwart der Himmlischen würdig zu stehen,
    Richten in herrlichen Ordnungen Völker sich auf
Untereinander und baun die schönen Tempel und Städte
    Fest und edel, sie gehn über Gestaden empor –
Aber wo sind sie? wo blühn die Bekannten, die Kronen des Festes?
    Thebe welkt und Athen; rauschen die Waffen nicht mehr
In Olympia, nicht die goldnen Wagen des Kampfspiels,
    Und bekränzen sich denn nimmer die Schiffe Korinths?
Warum schweigen auch sie, die alten heilgen Theater?
    Warum freuet sich denn nicht der geweihete Tanz?
Warum zeichnet, wie sonst, die Stirne des Mannes ein Gott nicht,
    Drückt den Stempel, wie sonst, nicht dem Getroffenen auf?
Oder er kam auch selbst und nahm des Menschen Gestalt an
    Und vollendet' und schloß tröstend das himmlische Fest.

7

Aber Freund! wir kommen zu spät. Zwar leben die Götter,
    Aber über dem Haupt droben in anderer Welt.

Endlos wirken sie da und scheinens wenig zu achten,
  Ob wir leben, so sehr schonen die Himmlischen uns.
Denn nicht immer vermag ein schwaches Gefäß sie zu fassen,
  Nur zu Zeiten erträgt göttliche Fülle der Mensch.
Traum von ihnen ist drauf das Leben. Aber das Irrsal
  Hilft, wie Schlummer und stark machet die Not und die Nacht,
Bis daß Helden genug in der ehernen Wiege gewachsen,
  Herzen an Kraft, wie sonst, ähnlich den Himmlischen sind.
Donnernd kommen sie drauf. Indessen dünket mir öfters
  Besser zu schlafen, wie so ohne Genossen zu sein,
So zu harren und was zu tun indes und zu sagen,
  Weiß ich nicht und wozu Dichter in dürftiger Zeit?
Aber sie sind, sagst du, wie des Weingotts heilige Priester,
  Welche von Lande zu Land zogen in heiliger Nacht.

8
Nämlich, als vor einiger Zeit, uns dünket sie lange,
  Aufwärts stiegen sie all, welche das Leben beglückt,
Als der Vater gewandt sein Angesicht von den Menschen,
  Und das Trauern mit Recht über der Erde begann,
Als erschienen zu letzt ein stiller Genius, himmlisch
  Tröstend, welcher des Tags Ende verkündet' und schwand,
Ließ zum Zeichen, daß einst er da gewesen und wieder
  Käme, der himmlische Chor einige Gaben zurück,
Derer menschlich, wie sonst, wir uns zu freuen vermöchten,
  Denn zur Freude, mit Geist, wurde das Größre zu groß
Unter den Menschen und noch, noch fehlen die Starken zu höchsten
  Freuden, aber es lebt stille noch einiger Dank.
Brot ist der Erde Frucht, doch ists vom Lichte gesegnet,
  Und vom donnernden Gott kommet die Freude des Weins.
Darum denken wir auch dabei der Himmlischen, die sonst
  Da gewesen und die kehren in richtiger Zeit,
Darum singen sie auch mit Ernst die Sänger den Weingott
  Und nicht eitel erdacht tönet dem Alten das Lob.

9
Ja! sie sagen mit Recht, er söhne den Tag mit der Nacht aus,
  Führe des Himmels Gestirn ewig hinunter, hinauf,
Allzeit froh, wie das Laub der immergrünenden Fichte,
  Das er liebt, und der Kranz, den er von Efeu gewählt,

Weil er bleibet und selbst die Spur der entflohenen Götter
 Gotterlosen hinab unter das Finstere bringt.
Was der Alten Gesang von Kindern Gottes geweissagt,
 Siehe! wir sind es, wir; Frucht von Hesperien ists!
Wunderbar und genau ists als an Menschen erfüllet,
 Glaube, wer es geprüft! aber so vieles geschieht,
Keines wirket, denn wir sind herzlos, Schatten, bis unser
 Vater Äther erkannt jeden und allen gehört.
Aber indessen kommt als Fackelschwinger des Höchsten
 Sohn, der Syrier, unter die Schatten herab.
Selige Weise sehns; ein Lächeln aus der gefangnen
 Seele leuchtet, dem Licht tauet ihr Auge noch auf.
Sanfter träumet und schläft in Armen der Erde der Titan,
 Selbst der neidische, selbst Cerberus trinket und schläft.

Wo aber Gefahr ist, wächst das Rettende auch

Gedichte 1801–1805

Ermunterung

Zweite Fassung

Echo des Himmels! heiliges Herz! warum,
   Warum verstummst du unter den Lebenden,
     Schläfst, freies! von den Götterlosen
       Ewig hinab in die Nacht verwiesen?

Wacht denn, wie vormals, nimmer des Äthers Licht?
   Und blüht die alte Mutter, die Erde nicht?
     Und übt der Geist nicht da und dort, nicht
       Lächelnd die Liebe das Recht noch immer?

Nur du nicht mehr! doch mahnen die Himmlischen,
   Und stillebildend weht, wie ein kahl Gefild,
     Der Othem der Natur dich an, der
       Alleserheiternde, seelenvolle.

O Hoffnung! bald, bald singen die Haine nicht
   Des Lebens Lob allein, denn es ist die Zeit,
     Daß aus der Menschen Munde sie, die
       Schönere Seele sich neuverkündet,

Dann liebender im Bunde mit Sterblichen
   Das Element sich bildet, und dann erst reich,
     Bei frommer Kinder Dank, der Erde
       Brust, die unendliche, sich entfaltet

Und unsre Tage wieder, wie Blumen, sind,
   Wo sie, des Himmels Sonne sich ausgeteilt
     Im stillen Wechsel sieht und wieder
       Froh in den Frohen das Licht sich findet,

Und er, der sprachlos waltet und unbekannt
   Zukünftiges bereitet, der Gott, der Geist
     Im Menschenwort, am schönen Tage
       Kommenden Jahren, wie einst, sich ausspricht.

Natur und Kunst
oder
Saturn und Jupiter

Du waltest hoch am Tag' und es blühet dein
  Gesetz, du hältst die Waage, Saturnus Sohn!
    Und teilst die Los' und ruhest froh im
      Ruhm der unsterblichen Herrscherkünste.

Doch in den Abgrund, sagen die Sänger sich,
  Habst du den heil'gen Vater, den eignen, einst
    Verwiesen und es jammre drunten,
      Da, wo die Wilden vor dir mit Recht sind,

Schuldlos der Gott der goldenen Zeit schon längst:
  Einst mühelos, und größer, wie du, wenn schon
    Er kein Gebot aussprach und ihn der
      Sterblichen keiner mit Namen nannte.

Herab denn! oder schäme des Danks dich nicht!
  Und willst du bleiben, diene dem Älteren,
    Und gönn' es ihm, daß ihn vor Allen,
      Göttern und Menschen, der Sänger nenne!

Denn, wie aus dem Gewölke dein Blitz, so kömmt
  Von ihm, was dein ist, siehe! so zeugt von ihm,
    Was du gebeutst, und aus Saturnus
      Frieden ist jegliche Macht erwachsen.

Und hab' ich erst am Herzen Lebendiges
  Gefühlt und dämmert, was du gestaltetest,
    Und war in ihrer Wiege mir in
      Wonne die wechselnde Zeit entschlummert:

Dann kenn' ich dich, Kronion*! dann hör' ich dich,
  Den weisen Meister, welcher, wie wir, ein Sohn
    Der Zeit, Gesetze gibt und, was die
      Heilige Dämmerung birgt, verkündet.

---

* Zeus, als Sohn des Saturn (Kronos).

Dichtermut

Zweite Fassung

Sind denn dir nicht verwandt alle Lebendigen,
    Nährt die Parze denn nicht selber im Dienste dich?
        Drum, so wandle nur wehrlos
            Fort durchs Leben, und fürchte nichts!

Was geschiehet, es sei alles gesegnet dir,
    Sei zur Freude gewandt! oder was könnte denn
        Dich beleidigen, Herz! was
            Da begegnen, wohin du sollst?

Denn, seitdem der Gesang sterblichen Lippen sich
    Friedenatmend entwand, frommend in Leid und Glück
        Unsre Weise der Menschen
            Herz erfreute, so waren auch

Wir, die Sänger des Volks, gerne bei Lebenden
    Wo sich vieles gesellt, freudig und jedem hold,
        Jedem offen; so ist ja
            Unser Ahne, der Sonnengott,

Der den fröhlichen Tag Armen und Reichen gönnt,
    Der in flüchtiger Zeit uns, die Vergänglichen,
        Aufgerichtet an goldnen
            Gängelbanden, wie Kinder, hält.

Ihn erwartet, auch ihn nimmt, wo die Stunde kömmt,
    Seine purpurne Flut; sieh! und das edle Licht
        Gehet, kundig des Wandels,
            Gleichgesinnet hinab den Pfad.

So vergehe denn auch, wenn es die Zeit einst ist
    Und dem Geiste sein Recht nirgend gebricht, so sterb'
        Einst im Ernste des Lebens
            Unsre Freude, doch schönen Tod!

Dichterberuf

Des Ganges Ufer hörten des Freudengotts
   Triumph, als alleroberend vom Indus her
     Der junge Bacchus kam, mit heilgem
       Weine vom Schlafe die Völker weckend.

Und du, des Tages Engel! erweckst sie nicht,
   Die jetzt noch schlafen? gib die Gesetze, gib
     Uns Leben, siege, Meister, du nur
       Hast der Eroberung Recht, wie Bacchus.

Nicht, was wohl sonst des Menschen Geschick und Sorg'
   Im Haus und unter offenem Himmel ist,
     Wenn edler, denn das Wild, der Mann sich
       Wehret und nährt! denn es gilt ein anders,

Zu Sorg' und Dienst den Dichtenden anvertraut!
   Der Höchste, der ists, dem wir geeignet sind,
     Daß näher, immerneu besungen
       Ihn die befreundete Brust vernehme.

Und dennoch, o ihr Himmlischen all, und all
   Ihr Quellen und ihr Ufer und Hain' und Höhn,
     Wo wunderbar zuerst, als du die
       Locken ergriffen, und unvergeßlich

Der unverhoffte Genius über uns
   Der schöpferische, göttliche kam, daß stumm
     Der Sinn uns ward und, wie vom
       Strahle gerührt das Gebein erbebte,

Ihr ruhelosen Taten in weiter Welt!
   Ihr Schicksalstag', ihr reißenden, wenn der Gott
     Stillsinnend lenkt, wohin zorntrunken
       Ihn die gigantischen Rosse bringen,

Euch sollten wir verschweigen, und wenn in uns
   Vom stetigstillen Jahre der Wohllaut tönt,
     So sollt' es klingen, gleich als hätte
       Mutig und müßig ein Kind des Meisters

Geweihte, reine Saiten im Scherz gerührt?
Und darum hast du, Dichter! des Orients
Propheten und den Griechensang und
Neulich die Donner gehört, damit du

Den Geist zu Diensten brauchst und die Gegenwart
Des Guten übereilest, in Spott, und den Albernen
Verleugnest, herzlos, und zum Spiele
Feil, wie gefangenes Wild, ihn treibest?

Bis aufgereizt vom Stachel im Grimme der
Des Ursprungs sich erinnert und ruft, daß selbst
Der Meister kommt, dann unter heißen
Todesgeschossen entseelt dich lasset.

Zu lang ist alles Göttliche dienstbar schon
Und alle Himmelskräfte verscherzt, verbraucht
Die Gütigen, zur Lust, danklos, ein
Schlaues Geschlecht und zu kennen wähnt es,

Wenn ihnen der Erhabne den Acker baut,
Das Tagslicht und den Donnerer, und es späht
Das Sehrohr wohl sie all und zählt und
Nennet mit Namen des Himmels Sterne.

Der Vater aber decket mit heilger Nacht,
Damit wir bleiben mögen, die Augen zu.
Nicht liebt er Wildes! Doch es zwinget
Nimmer die weite Gewalt den Himmel.

Noch ists auch gut, zu weise zu sein. Ihn kennt
Der Dank. Doch nicht behält er es leicht allein,
Und gern gesellt, damit verstehn sie
Helfen, zu anderen sich ein Dichter.

Furchtlos bleibt aber, so er es muß, der Mann
Einsam vor Gott, es schützet die Einfalt ihn,
Und keiner Waffen brauchts und keiner
Listen, so lange, bis Gottes Fehl hilft.

Stimme des Volks

Zweite Fassung

Du seiest Gottes Stimme, so glaubt' ich sonst
  In heil'ger Jugend; ja, und ich sag' es noch!
    Um unsre Weisheit unbekümmert
      Rauschen die Ströme doch auch, und dennoch

Wer liebt sie nicht? und immer bewegen sie
  Das Herz mir, hör' ich ferne die Schwindenden,
    Die Ahnungsvollen meine Bahn nicht,
      Aber gewisser ins Meer hin eilen.

Denn selbstvergessen, allzubereit den Wunsch
  Der Götter zu erfüllen, ergreift zu gern
    Was sterblich ist, wenn offnen Augs auf
      Eigenen Pfaden es einmal wandelt,

Ins All zurück die kürzeste Bahn; so stürzt
  Der Strom hinab, er suchet die Ruh, es reißt,
    Es ziehet wider Willen ihn, von
      Klippe zu Klippe den Steuerlosen

Das wunderbare Sehnen dem Abgrund zu;
  Das Ungebundne reizet und Völker auch
    Ergreift die Todeslust und kühne
      Städte, nachdem sie versucht das Beste,

Von Jahr zu Jahr forttreibend das Werk, sie hat
  Ein heilig Ende troffen; die Erde grünt
    Und stille vor den Sternen liegt, den
      Betenden gleich, in den Sand geworfen

Freiwillig überwunden die lange Kunst
  Vor jenen Unnachahmbaren da; er selbst,
    Der Mensch, mit eigner Hand zerbrach, die
      Hohen zu ehren, sein Werk der Künstler.

141

Doch minder nicht sind jene den Menschen hold,
  Sie lieben wieder, so wie geliebt sie sind,
    Und hemmen öfters, daß er lang im
      Lichte sich freue, die Bahn des Menschen.

Und, nicht des Adlers Jungen allein, sie wirft
  Der Vater aus dem Neste, damit sie nicht
    Zu lang' ihm bleiben, uns auch treibt mit
      Richtigem Stachel hinaus der Herrscher.

Wohl jenen, die zur Ruhe gegangen sind,
  Und vor der Zeit gefallen, auch die, auch die
    Geopfert, gleich den Erstlingen der
      Ernte, sie haben ein Teil gefunden.

Am Xanthos* lag, in griechischer Zeit, die Stadt,
  Jetzt aber, gleich den größeren die dort ruhn
    Ist durch ein Schicksal sie dem heilgen
      Lichte des Tages hinweggekommen.

Sie kamen aber nicht in der offnen Schlacht
  Durch eigne Hand um. Fürchterlich ist davon,
    Was dort geschehn, die wunderbare
      Sage von Osten zu uns gelanget.

Es reizte sie die Güte von Brutus. Denn
  Als Feuer ausgegangen, so bot er sich
    Zu helfen ihnen, ob er gleich, als Feldherr,
      Stand in Belagerung vor den Toren.

Doch von den Mauern warfen die Diener sie
  Die er gesandt. Lebendiger ward darauf
    Das Feuer und sie freuten sich und ihnen
      Strecket' entgegen die Hände Brutus

Und alle waren außer sich selbst. Geschrei
  Entstand und Jauchzen. Drauf in die Flamme warf
    Sich Mann und Weib, von Knaben stürzt' auch
      Der von dem Dach, in der Väter Schwert der.

---

*   Fluß mit gleichnamiger Stadt.

Nicht rätlich ist es, Helden zu trotzen. Längst
   Wars aber vorbereitet. Die Väter auch
     Da sie ergriffen waren, einst, und
       Heftig die persischen Feinde drängten,

Entzündeten, ergreifend des Stromes Rohr,
   Daß sie das Freie fänden, die Stadt. Und Haus
     Und Tempel nahm, zum heilgen Äther
       Fliegend, und Menschen hinweg die Flamme.

So hatten es die Kinder gehört, und wohl
   Sind gut die Sagen, denn ein Gedächtnis sind
     Dem Höchsten sie, doch auch bedarf es
       Eines, die heiligen auszulegen.

*Chiron**

Wo bist du, Nachdenkliches! das immer muß
   Zur Seite gehn, zu Zeiten, wo bist du, Licht?
     Wohl ist das Herz wach, doch mir zürnt, mich
       Hemmt die erstaunende Nacht nun immer.

Sonst nämlich folgt' ich Kräutern des Walds und lauscht'
   Ein weiches Wild am Hügel; und nie umsonst.
     Nie täuschten, auch nicht einmal deine
       Vögel; denn allzubereit fast kamst du,

So Füllen oder Garten dir labend ward,
   Ratschlagend, Herzens wegen; wo bist du, Licht?
     Das Herz ist wieder wach, doch herzlos
       Zieht die gewaltige Nacht mich immer.

Ich war's wohl. Und von Krokus und Thymian
   Und Korn gab mir die Erde den ersten Strauß.
     Und bei der Sterne Kühle lernt' ich,
       Aber das Nennbare nur. Und bei mir

---

*   heilkundiger Kentaur, Erzieher von Achill, Odysseus u. a.

Das wilde Feld entzaubernd, das traur'ge, zog
  Der Halbgott, Zevs Knecht, ein, der gerade Mann;
    Nun sitz' ich still allein, von einer
      Stunde zur anderen, und Gestalten

Aus frischer Erd' und Wolken der Liebe schafft,
  Weil Gift ist zwischen uns, mein Gedanke nun;
    Und ferne lausch' ich hin, ob nicht ein
      Freundlicher Retter vielleicht mir komme.

Dann hör' ich oft den Wagen des Donnerers
  Am Mittag, wenn er naht, der bekannteste,
    Wenn ihm das Haus bebt und der Boden
      Reiniget sich, und die Qual Echo wird.

Den Retter hör' ich dann in der Nacht, ich hör'
  Ihn tötend, den Befreier, und drunten voll
    Von üpp'gem Kraut, als in Gesichten
      Schau ich die Erd', ein gewaltig Feuer;

Die Tage aber wechseln, wenn einer dann
  Zusiehet denen, lieblich und bös', ein Schmerz,
    Wenn einer zweigestalt ist, und es
      Kennet kein einziger nicht das Beste;

Das aber ist der Stachel des Gottes; nie
  Kann einer lieben göttliches Unrecht sonst.
    Einheimisch aber ist der Gott dann
      Angesichts da, und die Erd' ist anders.

Tag! Tag! Nun wieder atmet ihr recht; nun trinkt,
  Ihr meiner Bäche Weiden! ein Augenlicht,
    Und rechte Stapfen gehn, und als ein
      Herrscher, mit Sporen, und bei dir selber

Örtlich, Irrstern des Tages, erscheinest du,
  Du auch, o Erde, friedliche Wieg', und du,
    Haus meiner Väter, die unstädtisch
      Sind, in den Wolken des Wilds, gegangen.

Nimm nun ein Roß, und harnische dich und nimm
    Den leichten Speer, o Knabe! Die Wahrsagung
        Zerreißt nicht, und umsonst nicht wartet,
           Bis sie erscheinet, Herakles Rückkehr.

Tränen

Himmlische Liebe! zärtliche! wenn ich dein
    Vergäße, wenn ich, o ihr geschicklichen,
        Ihr feur'gen, die voll Asche sind und
           Wüst und vereinsamet ohnedies schon,

Ihr lieben Inseln, Augen der Wunderwelt!
    Ihr nämlich geht nun einzig allein mich an,
        Ihr Ufer, wo die abgöttische
           Büßet, doch Himmlischen nur, die Liebe.

Denn allzudankbar haben die Heiligen
    Gedienet dort in Tagen der Schönheit und
        Die zorn'gen Helden; und viel Bäume
           Sind, und die Städte daselbst gestanden,

Sichtbar, gleich einem sinnigen Mann; itzt sind
    Die Helden tot, die Inseln der Liebe sind
        Entstellt fast. So muß übervorteilt,
           Albern doch überall sein die Liebe.

Ihr weichen Tränen, löschet das Augenlicht
    Mir aber nicht ganz aus; ein Gedächtnis doch,
        Damit ich edel sterbe, laßt ihr
           Trügrischen, Diebischen, mir nachleben.

An die Hoffnung

O Hoffnung! holde! gütiggeschäftige!
    Die du das Haus der Trauernden nicht verschmähst,
        Und gerne dienend, Edle! zwischen
           Sterblichen waltest und Himmelsmächten,

Wo bist du? wenig lebt' ich; doch atmet kalt
   Mein Abend schon. Und stille, den Schatten gleich,
     Bin ich schon hier; und schon gesanglos
       Schlummert das schaudernde Herz im Busen.

Im grünen Tale, dort, wo der frische Quell
   Vom Berge täglich rauscht, und die liebliche
     Zeitlose mir am Herbsttag aufblüht,
       Dort, in der Stille, du Holde, will ich

Dich suchen, oder wenn in der Mitternacht
   Das unsichtbare Leben im Haine wallt,
     Und über mir die immerfrohen
       Blumen, die blühenden Sterne glänzen,

O du des Äthers Tochter! erscheine dann
   Aus deines Vaters Gärten, und darfst du nicht
     Ein Geist der Erde, kommen, schröck', o
       Schröcke mit anderem nur das Herz mir.

Blödigkeit

Sind denn dir nicht bekannt viele Lebendigen?
   Geht auf Wahrem dein Fuß nicht, wie auf Teppichen?
     Drum, mein Genius! tritt nur
       Bar in's Leben, und sorge nicht!

Was geschiehet, es sei alles gelegen dir!
   Sei zur Freude gereimt, oder was könnte denn
     Dich beleidigen, Herz, was
       Da begegnen, wohin du sollst?

Denn, seit Himmlischen gleich Menschen, ein einsam Wild
   Und die Himmlischen selbst führet, der Einkehr zu,
     Der Gesang und der Fürsten
       Chor, nach Arten, so waren auch

Wir, die Zungen des Volks, gerne bei Lebenden,
  Wo sich vieles gesellt, freudig und jedem gleich,
    Jedem offen, so ist ja
      Unser Vater, des Himmels Gott,

Der den denkenden Tag Armen und Reichen gönnt,
  Der, zur Wende der Zeit, uns die Entschlafenden
    Aufgerichtet an goldnen
      Gängelbanden, wie Kinder, hält.

Gut auch sind und geschickt einem zu etwas wir,
  Wenn wir kommen, mit Kunst, und von den Himmlischen
    Einen bringen. Doch selber
      Bringen schickliche Hände wir.

*Ganymed**

  Was schläfst du, Bergsohn, liegest in Unmut, schief,
    Und frierst am kahlen Ufer, Gedultiger!
      Denkst nicht der Gnade du, wenn's an den
        Tischen die Himmlischen sonst gedürstet?

  Kennst drunten du vom Vater die Boten nicht,
    Nicht in der Kluft der Lüfte geschärfter Spiel?
      Trifft nicht das Wort dich, das voll alten
        Geists ein gewanderter Mann dir sendet?

  Schon tönet's aber ihm in der Brust. Tief quillt's,
    Wie damals, als hoch oben im Fels er schlief,
      Ihm auf. Im Zorne reinigt aber
        Sich der Gefesselte nun, nun eilt er

  Der Linkische; der spottet der Schlacken nun,
    Und nimmt und bricht und wirft die Zerbrochenen
      Zorntrunken, spielend, dort und da zum
        Schauenden Ufer und bei des Fremdlings

---

*   ein schöner trojanischer Königssohn, von Zeus in den Olymp geholt, um
    dort als Mundschenk der Götter zu dienen.

Besondrer Stimme stehen die Herden auf,
  Es regen sich die Wälder, es hört tief Land
    Den Stromgeist fern, und schaudernd regt im
      Nabel der Erde der Geist sich wieder.

Der Frühling kömmt. Und jedes, in seiner Art,
  Blüht. Der ist aber ferne; nicht mehr dabei.
    Irr ging er nun; denn allzugut sind
      Genien; himmlisch Gespräch ist sein nun.

Hälfte des Lebens

Mit gelben Birnen hänget
Und voll mit wilden Rosen
Das Land in den See,
Ihr holden Schwäne,
Und trunken von Küssen
Tunkt ihr das Haupt
Ins heilignüchterne Wasser.

Weh mir, wo nehm' ich, wenn
Es Winter ist, die Blumen, und wo
Den Sonnenschein,
Und Schatten der Erde?
Die Mauern stehn
Sprachlos und kalt, im Winde
Klirren die Fahnen.

Lebensalter

Ihr Städte des Euphrats!
Ihr Gassen von Palmyra*!
Ihr Säulenwälder in der Eb'ne der Wüste,
Was seid ihr?
Euch hat die Kronen,
Dieweil ihr über die Grenze

---

* alte Handelsstadt zwischen Damaskus und dem Euphrat.

Der Othmenden seid gegangen,
Von Himmlischen der Rauchdampf und
Hinweg das Feuer genommen;
Jetzt aber sitz' ich unter Wolken (deren
Ein jedes eine Ruh' hat eigen) unter
Wohleingerichteten Eichen, auf
Der Heide des Rehs, und fremd
Erscheinen und gestorben mir
Der Seligen Geister.

Der Winkel von Hardt

Hinunter sinket der Wald,
Und Knospen ähnlich, hängen
Einwärts die Blätter, denen
Blüht unten auf ein Grund,
Nicht gar unmündig.
Da nämlich ist Ulrich*
Gegangen; oft sinnt, über den Fußtritt,
Ein groß Schicksal
Bereit, an übrigem Orte.

Die Wanderung

Glückselig Suevien, meine Mutter,
Auch du, der glänzenderen, der Schwester
Lombarda drüben gleich,
Von hundert Bächen durchflossen!
Und Bäume genug, weißblühend und rötlich,
Und dunklere, wild, tiefgrünenden Laubs voll
Und Alpengebirg der Schweiz auch überschattet
Benachbartes dich; denn nah dem Herde des Hauses
Wohnst du, und hörst, wie drinnen
Aus silbernen Opferschalen
Der Quell rauscht, ausgeschüttet
Von reinen Händen, wenn berührt

---

* Herzog Ulrich, der sich 1519 dort auf der Flucht versteckte.

Von warmen Strahlen
Krystallenes Eis und umgestürzt
Vom leichtanregenden Lichte
Der schneeige Gipfel übergießt die Erde
Mit reinestem Wasser. Darum ist
Dir angeboren die Treue. Schwer verläßt,
Was nahe dem Ursprung wohnet, den Ort.
Und deine Kinder, die Städte,
Am weithindämmernden See,
An Neckars Weiden, am Rheine,
Sie alle meinen, es wäre
Sonst nirgend besser zu wohnen.

Ich aber will dem Kaukasos zu!
Denn sagen hört' ich
Noch heut in den Lüften:
Frei sei'n, wie Schwalben, die Dichter.
Auch hat mir ohnedies
In jüngeren Tagen Eines vertraut,
Es seien vor alter Zeit
Die Eltern einst, das deutsche Geschlecht,
Still fortgezogen von Wellen der Donau
Am Sommertage, da diese
Sich Schatten suchten, zusammen
Mit Kindern der Sonn'
Am schwarzen Meere gekommen;
Und nicht umsonst sei dies
Das gastfreundliche genennet.

Denn, als sie erst sich angesehen,
Da nahten die Anderen erst; dann satzten auch
Die Unseren sich neugierig unter den Ölbaum.
Doch als sich ihre Gewande berührt,
Und keiner vernehmen konnte
Die eigene Rede des andern, wäre wohl
Entstanden ein Zwist, wenn nicht aus Zweigen herunter
Gekommen wäre die Kühlung,
Die Lächeln über das Angesicht
Der Streitenden öfters breitet, und eine Weile
Sahn still sie auf, dann reichten sie sich
Die Hände liebend einander. Und bald

Vertauschten sie Waffen und all
Die lieben Güter des Hauses,
Vertauschten das Wort auch und es wünschten
Die freundlichen Väter umsonst nichts
Beim Hochzeitjubel den Kindern.
Denn aus den heiligvermählten
Wuchs schöner, denn Alles,
Was vor und nach
Von Menschen sich nannt', ein Geschlecht auf. Wo,
Wo aber wohnt ihr, liebe Verwandten,
Daß wir das Bündnis wiederbegehn
Und der teuern Ahnen gedenken?

Dort an den Ufern, unter den Bäumen
Ionias, in Ebenen des Kaisters,
Wo Kraniche, des Äthers froh,
Umschlossen sind von fernhindämmernden Bergen;
Dort wart auch ihr, ihr Schönsten! oder pflegtet
Der Inseln, die mit Wein bekränzt,
Voll tönten von Gesang; noch andere wohnten
Am Tayget, am vielgepriesnen Himettos*,
Die blühten zuletzt; doch von
Parnassos Quell bis zu des Tmolos**
Goldglänzenden Bächen erklang
Ein ewiges Lied; so rauschten
Damals die Wälder und all
Die Saitenspiele zusamt
Von himmlischer Milde gerühret.

O Land des Homer!
Am purpurnen Kirschbaum oder wenn
Von dir gesandt im Weinberg mir
Die jungen Pfirsiche grünen,
Und die Schwalbe fernher kommt und vieles erzählend
An meinen Wänden ihr Haus baut, in
Den Tagen des Mais, auch unter den Sternen
Gedenk' ich, o Ionia, dein! doch Menschen

---

*   Gebirgszug südöstlich von Athen.
** Berg im Osten Griechenlands.

Ist Gegenwärtiges lieb. Drum bin ich
Gekommen, euch, ihr Inseln, zu sehn, und euch,
Ihr Mündungen der Ströme, o ihr Hallen der Thetis,
Ihr Wälder, euch, und euch, ihr Wolken des Ida!

Doch nicht zu bleiben gedenk ich.
Unfreundlich ist und schwer zu gewinnen
Die Verschlossene, der ich entkommen, die Mutter.
Von ihren Söhnen einer, der Rhein,
Mit Gewalt wollt' er ans Herz ihr stürzen und schwand
Der Zurückgestoßene, niemand weiß, wohin, in die Ferne.
Doch so nicht wünsch' ich gegangen zu sein,
Von ihr und nur, euch einzuladen,
Bin ich zu euch, ihr Grazien Griechenlands,
Ihr Himmelstöchter, gegangen,
Daß, wenn die Reise zu weit nicht ist,
Zu uns ihr kommet, ihr Holden!

Wenn milder atmen die Lüfte,
Und liebende Pfeile der Morgen
Uns Allzugedultigen schickt,
Und leichte Gewölke blühn
Uns über den schüchternen Augen,
Dann werden wir sagen, wie kommt
Ihr, Charitinnen*, zu Wilden?
Die Dienerinnen des Himmels
Sind aber wunderbar,
Wie alles Göttlichgeborne.
Zum Traume wirds ihm, will es Einer
Beschleichen und straft den, der
Ihm gleichen will mit Gewalt;
Oft überraschet es einen,
Der eben kaum es gedacht hat.

---

* die drei Grazien Aglaia, Euphrosyne und Thalia.

Der Rhein

An Isaak von Sinclair[*]

Im dunkeln Efeu saß ich, an der Pforte
Des Waldes, eben, da der goldene Mittag,
Den Quell besuchend, herunterkam
Von Treppen des Alpengebirgs,
Das mir die göttlichgebaute,
Die Burg der Himmlischen heißt
Nach alter Meinung, wo aber
Geheim noch manches entschieden
Zu Menschen gelanget; von da
Vernahm ich ohne Vermuten
Ein Schicksal, denn noch kaum
War mir im warmen Schatten
Sich manches beredend, die Seele
Italia zu geschweift
Und fernhin an die Küsten Moreas[**].

Jetzt aber, drin im Gebirg,
Tief unter den silbernen Gipfeln
Und unter fröhlichem Grün,
Wo die Wälder schauernd zu ihm,
Und der Felsen Häupter übereinander
Hinabschaun, taglang, dort
Im kältesten Abgrund hört'
Ich um Erlösung jammern
Den Jüngling, es hörten ihn, wie er tobt',
Und die Mutter Erd' anklagt',
Und den Donnerer, der ihn gezeuget,
Erbarmend die Eltern, doch
Die Sterblichen flohn von dem Ort,
Denn furchtbar war, da lichtlos er
In den Fesseln sich wälzte,
Das Rasen des Halbgotts.

---

[*] enger Freund Hölderlins, 1775–1815, Schriftsteller und Diplomat im Dienst
    des Landgrafen von Hessen-Homburg.
[**] Bezeichnung für die Peloponnes.

Die Stimme wars des edelsten der Ströme,
Des freigeborenen Rheins,
Und anderes hoffte der, als droben von den Brüdern,
Dem Tessin und dem Rhodanus*,
Er schied und wandern wollt', und ungeduldig ihn
Nach Asia trieb die königliche Seele.
Doch unverständig ist
Das Wünschen vor dem Schicksal.
Die Blindesten aber
Sind Göttersöhne. Denn es kennet der Mensch
Sein Haus und dem Tier ward, wo
Es bauen solle, doch jenen ist
Der Fehl, daß sie nicht wissen wohin?
In die unerfahrne Seele gegeben.

Ein Rätsel ist Reinentsprungenes. Auch
Der Gesang kaum darf es enthüllen. Denn
Wie du anfingst, wirst du bleiben,
So viel auch wirket die Not,
Und die Zucht, das meiste nämlich
Vermag die Geburt,
Und der Lichtstrahl, der
Dem Neugebornen begegnet.
Wo aber ist einer,
Um frei zu bleiben
Sein Leben lang, und des Herzens Wunsch
Allein zu erfüllen, so
Aus günstigen Höhn, wie der Rhein,
Und so aus heiligem Schoße
Glücklich geboren, wie jener?

Drum ist ein Jauchzen sein Wort.
Nicht liebt er, wie andere Kinder,
In Wickelbanden zu weinen;
Denn wo die Ufer zuerst
An die Seit ihm schleichen, die krummen,
Und durstig umwindend ihn,
Den Unbedachten, zu ziehn

---

*   Rhone.

Und wohl zu behüten begehren
Im eigenen Zahne, lachend
Zerreißt er die Schlangen und stürzt
Mit der Beut und wenn in der Eil'
Ein Größerer ihn nicht zähmt,
Ihn wachsen läßt, wie der Blitz, muß er
Die Erde spalten, und wie Bezauberte fliehn
Die Wälder ihm nach und zusammensinkend die Berge.

Ein Gott will aber sparen den Söhnen
Das eilende Leben und lächelt,
Wenn unenthaltsam, aber gehemmt
Von heiligen Alpen, ihm
In der Tiefe, wie jener, zürnen die Ströme.
In solcher Esse wird dann
Auch alles Lautre geschmiedet,
Und schön ists, wie er drauf,
Nachdem er die Berge verlassen,
Stillwandelnd sich im deutschen Lande
Begnüget und das Sehnen stillt
Im guten Geschäfte, wenn er das Land baut
Der Vater Rhein und liebe Kinder nährt
In Städten, die er gegründet.

Doch nimmer, nimmer vergißt ers.
Denn eher muß die Wohnung vergehn,
Und die Satzung und zum Unbild werden
Der Tag der Menschen, ehe vergessen
Ein solcher dürfte den Ursprung
Und die reine Stimme der Jugend.
Wer war es, der zuerst
Die Liebesbande verderbt
Und Stricke von ihnen gemacht hat?
Dann haben des eigenen Rechts
Und gewiß des himmlischen Feuers
Gespottet die Trotzigen, dann erst
Die sterblichen Pfade verachtend
Verwegnes erwählt
Und den Göttern gleich zu werden getrachtet.

Es haben aber an eigner
Unsterblichkeit die Götter genug, und bedürfen
Die Himmlischen eines Dings,
So sinds Heroën und Menschen
Und Sterbliche sonst. Denn weil
Die Seligsten nichts fühlen von selbst,
Muß wohl, wenn solches zu sagen
Erlaubt ist, in der Götter Namen
Teilnehmend fühlen ein Andrer,
Den brauchen sie; jedoch ihr Gericht
Ist, daß sein eigenes Haus
Zerbreche der und das Liebste
Wie den Feind schelt' und sich Vater und Kind
Begrabe unter den Trümmern,
Wenn einer, wie sie, sein will und nicht
Ungleiches dulden, der Schwärmer.

Drum wohl ihm, welcher fand
Ein wohlbeschiedenes Schicksal,
Wo noch der Wanderungen
Und süß der Leiden Erinnerung
Aufrauscht am sichern Gestade,
Daß da und dorthin gern
Er sehn mag bis an die Grenzen
Die bei der Geburt ihm Gott
Zum Aufenthalte gezeichnet.
Dann ruht er, seligbescheiden,
Denn alles, was er gewollt,
Das Himmlische, von selber umfängt
Es unbezwungen, lächelnd
Jetzt, da er ruhet, den Kühnen.

Halbgötter denk' ich jetzt
Und kennen muß ich die Teuern,
Weil oft ihr Leben so
Die sehnende Brust mir beweget.
Wem aber, wie, Rousseau, dir,
Unüberwindlich die Seele
Die starkausdauernde ward,
Und sicherer Sinn

Und süße Gabe zu hören,
Zu reden so, daß er aus heiliger Fülle
Wie der Weingott, törig göttlich
Und gesetzlos sie die Sprache der Reinesten gibt
Verständlich den Guten, aber mit Recht
Die Achtungslosen mit Blindheit schlägt
Die entweihenden Knechte, wie nenn ich den Fremden?

Die Söhne der Erde sind, wie die Mutter,
Alliebend, so empfangen sie auch
Mühlos, die Glücklichen, Alles.
Drum überraschet es auch
Und schröckt den sterblichen Mann,
Wenn er den Himmel, den
Er mit den liebenden Armen
Sich auf die Schultern gehäuft,
Und die Last der Freude bedenket;
Dann scheint ihm oft das Beste,
Fast ganz vergessen da,
Wo der Strahl nicht brennt,
Im Schatten des Walds
Am Bielersee in frischer Grüne zu sein,
Und sorglosarm an Tönen,
Anfängern gleich, bei Nachtigallen zu lernen.

Und herrlich ists, aus heiligem Schlafe dann
Erstehen und aus Waldes Kühle
Erwachend, Abends nun
Dem milderen Licht entgegenzugehn,
Wenn, der die Berge gebaut
Und den Pfad der Ströme gezeichnet,
Nachdem er lächelnd auch
Der Menschen geschäftiges Leben
Das othemarme, wie Segel
Mit seinen Lüften gelenkt hat,
Auch ruht und zu der Schülerin jetzt,
Der Bildner, Gutes mehr
Denn Böses findend,
Zur heutigen Erde der Tag sich neiget. –

Dann feiern das Brautfest Menschen und Götter,
Es feiern die Lebenden all,
Und ausgeglichen
Ist eine Weile das Schicksal.
Und die Flüchtlinge suchen die Herberg,
Und süßen Schlummer die Tapfern,
Die Liebenden aber
Sind, was sie waren, sie sind
Zu Hause, wo die Blume sich freuet
Unschädlicher Glut und die finsteren Bäume
Der Geist umsäuselt, aber die Unversöhnten
Sind umgewandelt und eilen
Die Hände sich ehe zu reichen,
Bevor das freundliche Licht
Hinuntergeht und die Nacht kommt.

Doch einigen eilt
Dies schnell vorüber, andere
Behalten es länger.
Die ewigen Götter sind
Voll Lebens allzeit; bis in den Tod
Kann aber ein Mensch auch
Im Gedächtnis doch das Beste behalten,
Und dann erlebt er das Höchste.
Nur hat ein jeder sein Maß.
Denn schwer ist zu tragen
Das Unglück, aber schwerer das Glück.
Ein Weiser aber vermocht es
Vom Mittag bis in die Mitternacht,
Und bis der Morgen erglänzte,
Beim Gastmahl helle zu bleiben.

Dir mag auf heißem Pfade unter Tannen oder
Im Dunkel des Eichwalds gehüllt
In Stahl, mein Sinklair! Gott erscheinen oder
In Wolken, du kennst ihn, da du kennest, jugendlich,
Des Guten Kraft, und nimmer ist dir
Verborgen das Lächeln des Herrschers
Bei Tage, wenn
Es fieberhaft und angekettet das

Lebendige scheinet oder auch
Bei Nacht, wenn alles gemischt
Ist ordnungslos und wiederkehrt
Uralte Verwirrung.

Germanien

Nicht sie, die Seligen, die erschienen sind,
Die Götterbilder in dem alten Lande,
Sie darf ich ja nicht rufen mehr, wenn aber
Ihr heimatlichen Wasser! jetzt mit euch
Des Herzens Liebe klagt, was will es anders,
Das Heiligtrauernde? Denn voll Erwartung liegt
Das Land und als in heißen Tagen
Herabgesenkt, umschattet heut
Ihr Sehnenden! uns ahnungsvoll ein Himmel.
Voll ist er von Verheißungen und scheint
Mir drohend auch, doch will ich bei ihm bleiben,
Und rückwärts soll die Seele mir nicht fliehn
Zu euch, Vergangene! die zu lieb mir sind.
Denn euer schönes Angesicht zu sehn,
Als wärs, wie sonst, ich fürcht' es, tödlich ists,
Und kaum erlaubt, Gestorbene zu wecken.

Entflohene Götter! auch ihr, ihr gegenwärtigen, damals
Wahrhaftiger, ihr hattet eure Zeiten!
Nichts leugnen will ich hier und nichts erbitten.
Denn wenn es aus ist, und der Tag erloschen
Wohl trifft den Priester erst, doch liebend folgt
Der Tempel und das Bild ihm auch und seine Sitte
Zum dunkeln Land und keines mag noch scheinen.
Nur als von Grabesflammen, ziehet dann
Ein goldner Rauch, die Sage drob hinüber,
Und dämmert jetzt uns Zweifelnden um das Haupt,
Und keiner weiß, wie ihm geschieht. Er fühlt
Die Schatten derer, so gewesen sind,
Die Alten, so die Erde neubesuchen.
Denn die da kommen sollen, drängen uns,
Und länger säumt von Göttermenschen
Die heilige Schar nicht mehr im blauen Himmel.

Schon grüner ja, im Vorspiel rauherer Zeit
Für sie erzogen das Feld, bereitet ist die Gabe
Zum Opfermahl und Tal und Ströme sind
Weitoffen um prophetische Berge,
Daß schauen mag bis in den Orient
Der Mann und ihn von dort der Wandlungen viele bewegen.
Vom Äther aber fällt
Das treue Bild und Göttersprüche regnen
Unzählbare von ihm, und es tönt im innersten Haine.
Und der Adler, der vom Indus kömmt,
Und über des Parnassos
Beschneite Gipfel fliegt, hoch über den Opferhügeln
Italias, und frohe Beute sucht
Dem Vater, nicht wie sonst, geübter im Fluge
Der Alte, jauchzend überschwingt er
Zuletzt die Alpen und sieht die vielgearteten Länder.

Die Priesterin, die stillste Tochter Gottes,
Sie, die zu gern in tiefer Einfalt schweigt,
Sie suchet er, die offnen Auges schaute,
Als wüßte sie es nicht, jüngst, da ein Sturm
Toddrohend über ihrem Haupt ertönte;
Es ahnete das Kind ein Besseres,
Und endlich ward ein Staunen weit im Himmel
Weil Eines groß an Glauben, wie sie selbst,
Die segnende, die Macht der Höhe sei;
Drum sandten sie den Boten, der, sie schnell erkennend,
Denkt lächelnd so: Dich, unzerbrechliche, muß
Ein ander Wort erprüfen und ruft es laut,
Der Jugendliche, nach Germania schauend:
„Du bist es, auserwählt,
Alliebend und ein schweres Glück
Bist du zu tragen stark geworden,

Seit damals, da im Walde versteckt und blühendem Mohn
Voll süßen Schlummers, trunkene, meiner du
Nicht achtetest, lang, ehe noch auch geringere fühlten
Der Jungfrau Stolz und staunten wes du wärst und woher,
Doch du es selbst nicht wußtest. Ich mißkannte dich nicht,

Und heimlich, da du träumtest, ließ ich
Am Mittag scheidend dir ein Freundeszeichen,
Die Blume des Mundes zurück und du redetest einsam.
Doch Fülle der goldenen Worte sandtest du auch
Glückselige! mit den Strömen und sie quillen unerschöpflich
In die Gegenden all. Denn fast, wie der heiligen,
Die Mutter ist von allem,
Die Verborgene sonst genannt von Menschen,
So ist von Lieben und Leiden
Und voll von Ahnungen dir
Und voll von Frieden der Busen.

O trinke Morgenlüfte,
Bis daß du offen bist,
Und nenne, was vor Augen dir ist,
Nicht länger darf Geheimnis mehr
Das Ungesprochene bleiben,
Nachdem es lange verhüllt ist;
Denn Sterblichen geziemet die Scham,
Und so zu reden die meiste Zeit,
Ist weise auch von Göttern.
Wo aber überflüssiger, denn lautere Quellen
Das Gold und ernst geworden ist der Zorn an dem Himmel,
Muß zwischen Tag und Nacht
Einsmals ein Wahres erscheinen.
Dreifach umschreibe du es,
Doch ungesprochen auch, wie es da ist,
Unschuldige, muß es bleiben.

O nenne Tochter du der heiligen Erd'
Einmal die Mutter. Es rauschen die Wasser am Fels
Und Wetter im Wald und bei dem Namen derselben
Tönt auf aus alter Zeit Vergangengöttliches wieder.
Wie anders ists! und rechthin glänzt und spricht
Zukünftiges auch erfreulich aus den Fernen.
Doch in der Mitte der Zeit
Lebt ruhig mit geweihter
Jungfräulicher Erde der Äther
Und gerne, zur Erinnerung, sind

161

Die unbedürftigen sie
Gastfreundlich bei den unbedürftgen
Bei deinen Feiertagen
Germania, wo du Priesterin bist
Und wehrlos Rat gibst rings
Den Königen und den Völkern.«

Friedensfeier

Ich bitte dieses Blatt nur gutmütig zu lesen. So wird es sicher nicht unfaßlich, noch weniger anstößig sein. Sollten aber dennoch einige eine solche Sprache zu wenig konventionell finden, so muß ich ihnen gestehen: ich kann nicht anders. An einem schönen Tage läßt sich ja fast jede Sangart hören, und die Natur, wovon es her ist, nimmts auch wieder.

Der Verfasser gedenkt dem Publikum eine ganze Sammlung von dergleichen Blättern vorzulegen, und dieses soll irgend eine Probe sein davon.

Der himmlischen, still widerklingenden,
Der ruhigwandelnden Töne voll,
Und gelüftet ist der altgebaute,
Seliggewohnte Saal; um grüne Teppiche duftet
Die Freudenwolk' und weithinglänzend stehn,
Gereiftester Früchte voll und goldbekränzter Kelche,
Wohlangeordnet, eine prächtige Reihe,
Zur Seite da und dort aufsteigend über dem
Geebneten Boden die Tische.
Denn ferne kommend haben
Hieher, zur Abendstunde,
Sich liebende Gäste beschieden.

Und dämmernden Auges denk' ich schon,
Vom ernsten Tagwerk lächelnd,
Ihn selbst zu sehn, den Fürsten des Fests.
Doch wenn du schon dein Ausland gern verleugnest,
Und als vom langen Heldenzuge müd,
Dein Auge senkst, vergessen, leichtbeschattet,
Und Freundesgestalt annimmst, du Allbekannter, doch
Beugt fast die Knie das Hohe. Nichts vor dir,
Nur Eines weiß ich, Sterbliches bist du nicht.

Ein Weiser mag mir manches erhellen; wo aber
Ein Gott noch auch erscheint,
Da ist doch andere Klarheit.

Von heute aber nicht, nicht unverkündet ist er;
Und einer, der nicht Flut noch Flamme gescheuet,
Erstaunet, da es stille worden, umsonst nicht, jetzt,
Da Herrschaft nirgend ist zu sehn bei Geistern und Menschen.
Das ist, sie hören das Werk,
Längst vorbereitend, von Morgen nach Abend, jetzt erst,
Denn unermeßlich braust, in der Tiefe verhallend,
Des Donnerers Echo, das tausendjährige Wetter,
Zu schlafen, übertönt von Friedenslauten, hinunter.
Ihr aber, teuergewordne, o ihr Tage der Unschuld,
Ihr bringt auch heute das Fest, ihr Lieben! und es blüht
Rings abendlich der Geist in dieser Stille;
Und raten muß ich, und wäre silbergrau
Die Locke, o ihr Freunde!
Für Kränze zu sorgen und Mahl, jetzt ewigen Jünglingen ähnlich.

Und manchen möcht' ich laden, aber o du,
Der freundlichernst den Menschen zugetan,
Dort unter syrischer Palme,
Wo nahe lag die Stadt, am Brunnen gerne war;
Das Kornfeld rauschte rings, still atmete die Kühlung
Vom Schatten des geweiheten Gebirges,
Und die lieben Freunde, das treue Gewölk,
Umschatteten dich auch, damit der heiligkühne
Durch Wildnis mild dein Strahl zu Menschen kam, o Jüngling!
Ach! aber dunkler umschattete, mitten im Wort, dich
Furchtbarentscheidend ein tödlich Verhängnis. So ist schnell
Vergänglich alles Himmlische; aber umsonst nicht;

Denn schonend rührt des Maßes allzeit kundig
Nur einen Augenblick die Wohnungen der Menschen
Ein Gott an, unversehn, und keiner weiß es, wenn?
Auch darf alsdann das Freche drüber gehn,
Und kommen muß zum heilgen Ort das Wilde
Von Enden fern, übt rauhbetastend den Wahn,
Und trifft daran ein Schicksal, aber Dank,

Nie folgt der gleich hernach dem gottgegebnen Geschenke;
Tiefprüfend ist es zu fassen.
Auch wär' uns, sparte der Gebende nicht
Schon längst vom Segen des Herds
Uns Gipfel und Boden entzündet.

Des Göttlichen aber empfingen wir
Doch viel. Es ward die Flamm' uns
In die Hände gegeben, und Ufer und Meersflut.
Viel mehr, denn menschlicher Weise
Sind jene mit uns, die fremden Kräfte, vertrauet.
Und es lehret Gestirn dich, das
Vor Augen dir ist, doch nimmer kannst du ihm gleichen.
Vom Allebendigen aber, von dem
Viel Freuden sind und Gesänge,
Ist einer ein Sohn, ein Ruhigmächtiger ist er,
Und nun erkennen wir ihn,
Nun, da wir kennen den Vater
Und Feiertage zu halten
Der hohe, der Geist
Der Welt sich zu Menschen geneigt hat.

Denn längst war der zum Herrn der Zeit zu groß
Und weit aus reichte sein Feld, wann hats ihn aber erschöpfet?
Einmal mag aber ein Gott auch Tagewerk erwählen,
Gleich Sterblichen und teilen alles Schicksal.
Schicksalgesetz ist dies, daß Alle sich erfahren,
Daß, wenn die Stille kehrt, auch eine Sprache sei.
Wo aber wirkt der Geist, sind wir auch mit, und streiten,
Was wohl das Beste sei. So dünkt mir jetzt das Beste,
Wenn nun vollendet sein Bild und fertig ist der Meister,
Und selbst verklärt davon aus seiner Werkstatt tritt,
Der stille Gott der Zeit und nur der Liebe Gesetz,
Das schönausgleichende gilt von hier an bis zum Himmel.

Viel hat von Morgen an,
Seit ein Gespräch wir sind und hören voneinander,
Erfahren der Mensch; bald sind wir aber Gesang.
Und das Zeitbild, das der große Geist entfaltet,
Ein Zeichen liegts vor uns, daß zwischen ihm und andern

Ein Bündnis zwischen ihm und andern Mächten ist.
Nicht er allein, die Unerzeugten, Ew'gen
Sind kennbar alle daran, gleichwie auch an den Pflanzen
Die Mutter Erde sich und Licht und Luft sich kennet.
Zuletzt ist aber doch, ihr heiligen Mächte, für euch
Das Liebeszeichen, das Zeugnis
Daß ihrs noch seiet, der Festtag,

Der Allversammelnde, wo Himmlische nicht
Im Wunder offenbar, noch ungesehn im Wetter,
Wo aber bei Gesang gastfreundlich untereinander
In Chören gegenwärtig, eine heilige Zahl
Die Seligen in jeglicher Weise
Beisammen sind, und ihr Geliebtestes auch,
An dem sie hängen, nicht fehlt; denn darum rief ich
Zum Gastmahl, das bereitet ist,
Dich, Unvergeßlicher, dich, zum Abend der Zeit,
O Jüngling, dich zum Fürsten des Festes; und eher legt
Sich schlafen unser Geschlecht nicht,
Bis ihr Verheißenen all,
All ihr Unsterblichen, uns
Von eurem Himmel zu sagen,
Da seid in unserem Hause.

Leichtatmende Lüfte
Verkünden euch schon,
Euch kündet das rauchende Tal
Und der Boden, der vom Wetter noch dröhnet,
Doch Hoffnung rötet die Wangen,
Und vor der Türe des Hauses
Sitzt Mutter und Kind,
Und schauet den Frieden
Und wenige scheinen zu sterben
Es hält ein Ahnen die Seele,
Vom goldnen Lichte gesendet,
Hält ein Versprechen die Ältesten auf.

Wohl sind die Würze des Lebens,
Von oben bereitet und auch
Hinausgeführt, die Mühen.

Denn Alles gefällt jetzt,
Einfältiges aber
Am meisten, denn die langgesuchte,
Die goldne Frucht,
Uraltem Stamm
In schütternden Stürmen entfallen,
Dann aber, als liebstes Gut, vom heiligen Schicksal selbst,
Mit zärtlichen Waffen umschützt,
Die Gestalt der Himmlischen ist es.

Wie die Löwin, hast du geklagt,
O Mutter, da du sie,
Natur, die Kinder verloren.
Denn es stahl sie, Allzuliebende, dir
Dein Feind, da du ihn fast
Wie die eigenen Söhne genommen,
Und Satyren die Götter gesellt hast.
So hast du manches gebaut,
Und manches begraben,
Denn es haßt dich, was
Du, vor der Zeit
Allkräftige, zum Lichte gezogen.
Nun kennest, nun lässest du dies;
Denn gerne fühllos ruht,
Bis daß es reift, furchtsamgeschäftiges drunten.

Patmos [*]

Dem Landgrafen von Homburg

Nah ist
und schwer zu fassen der Gott.
Wo aber Gefahr ist, wächst
Das Rettende auch.
Im Finstern wohnen
Die Adler und furchtlos gehn

---

[*] griechische Insel, Verbannungsort des Evangelisten Johannes, der hier seine
Apokalypse verfaßt haben soll.

Die Söhne der Alpen über den Abgrund weg
Auf leichtgebaueten Brücken.
Drum, da gehäuft sind rings
Die Gipfel der Zeit, und die Liebsten
Nah wohnen, ermattend auf
Getrenntesten Bergen,
So gib unschuldig Wasser,
O Fittige gib uns, treuesten Sinns
Hinüberzugehn und wiederzukehren.

So sprach ich, da entführte
Mich schneller, denn ich vermutet
Und weit, wohin ich nimmer
Zu kommen gedacht, ein Genius mich
Vom eigenen Haus'. Es dämmerten
Im Zwielicht, da ich ging
Der schattige Wald
Und die sehnsüchtigen Bäche
Der Heimat; nimmer kannt' ich die Länder;
Doch bald, in frischem Glanze,
Geheimnisvoll
Im goldenen Rauche, blühte
Schnellaufgewachsen,
Mit Schritten der Sonne,
Mit tausend Gipfeln duftend,

Mir Asia auf, und geblendet sucht'
Ich eines, das ich kennete, denn ungewohnt
War ich der breiten Gassen, wo herab
Vom Tmolus* fährt
Der goldgeschmückte Paktol**
Und Taurus stehet und Messogis***,
Und voll von Blumen der Garten,
Ein stilles Feuer; aber im Lichte
Blüht hoch der silberne Schnee;
Und Zeug unsterblichen Lebens

---

*   Gebirge im kleinasiatischen Lydien.
** Fluß in Lydien.
*** Bergkette im südwestlichen Kleinasien.

An unzugangbaren Wänden
Uralt der Efeu wächst und getragen sind
Von lebenden Säulen, Zedern und Lorbeern
Die feierlichen,
Die göttlichgebauten Paläste.

Es rauschen aber um Asias Tore
Hinziehend da und dort
In ungewisser Meeresebene
Der schattenlosen Straßen genug,
Doch kennt die Inseln der Schiffer.
Und da ich hörte
Der nahegelegenen eine
Sei Patmos,
Verlangte mich sehr,
Dort einzukehren und dort
Der dunkeln Grotte zu nahn.
Denn nicht, wie Cypros,
Die quellenreiche, oder
Der anderen eine
Wohnt herrlich Patmos,

Gastfreundlich aber ist
Im ärmeren Hause
Sie dennoch
Und wenn vom Schiffbruch oder klagend
Um die Heimat oder
Den abgeschiedenen Freund
Ihr nahet einer
Der Fremden, hört sie es gern, und ihre Kinder
Die Stimmen des heißen Hains,
Und wo der Sand fällt, und sich spaltet
Des Feldes Fläche, die Laute
Sie hören ihn und liebend tönt
Es wider von den Klagen des Manns. So pflegte
Sie einst des gottgeliebten,
Des Sehers, der in seliger Jugend war

Gegangen mit
Dem Sohne des Höchsten, unzertrennlich, denn
Es liebte der Gewittertragende die Einfalt
Des Jüngers und es sahe der achtsame Mann
Das Angesicht des Gottes genau,
Da, beim Geheimnisse des Weinstocks, sie
Zusammensaßen, zu der Stunde des Gastmahls,
Und in der großen Seele, ruhigahnend den Tod
Aussprach der Herr und die letzte Liebe, denn nie genug
Hatt' er von Güte zu sagen
Der Worte, damals, und zu erheitern, da
Ers sahe, das Zürnen der Welt.
Denn alles ist gut. Drauf starb er. Vieles wäre
Zu sagen davon. Und es sahn ihn, wie er siegend blickte
Den Freudigsten die Freunde noch zuletzt,

Doch trauerten sie, da nun
Es Abend worden, erstaunt,
Denn Großentschiedenes hatten in der Seele
Die Männer, aber sie liebten unter der Sonne
Das Leben und lassen wollten sie nicht
Vom Angesichte des Herrn
Und der Heimat. Eingetrieben war,
Wie Feuer im Eisen, das, und ihnen ging
Zur Seite der Schatte des Lieben.
Drum sandt' er ihnen
Den Geist, und freilich bebte
Das Haus und die Wetter Gottes rollten
Ferndonnernd über
Die ahnenden Häupter, da, schwersinnend
Versammelt waren die Todeshelden,

Itzt, da er scheidend
Noch einmal ihnen erschien.
Denn itzt erlosch der Sonne Tag
Der Königliche und zerbrach
Den geradestrahlenden,
Den Zepter, göttlichleidend, von selbst,
Denn wiederkommen sollt es
Zu rechter Zeit. Nicht wär es gut

169

Gewesen, später, und schroffabbrechend, untreu,
Der Menschen Werk, und Freude war es
Von nun an,
Zu wohnen in liebender Nacht, und bewahren
In einfältigen Augen, unverwandt
Abgründe der Weisheit. Und es grünen
Tief an den Bergen auch lebendige Bilder,

Doch furchtbar ist, wie da und dort
Unendlich hin zerstreut das Lebende Gott.
Denn schon das Angesicht
Der teuern Freunde zu lassen
Und fernhin über die Berge zu gehn
Allein, wo zweifach
Erkannt, einstimmig
War himmlischer Geist; und nicht geweissagt war es, sondern
Die Locken ergriff es, gegenwärtig,
Wenn ihnen plötzlich
Ferneilend zurück blickte
Der Gott und schwörend,
Damit er halte, wie an Seilen golden
Gebunden hinfort
Das Böse nennend, sie die Hände sich reichten –

Wenn aber stirbt alsdenn
An dem am meisten
Die Schönheit hing, daß an der Gestalt
Ein Wunder war und die Himmlischen gedeutet
Auf ihn, und wenn, ein Rätsel ewig füreinander
Sie sich nicht fassen können
Einander, die zusammenlebten
Im Gedächtnis, und nicht den Sand nur oder
Die Weiden es hinwegnimmt und die Tempel
Ergreift, wenn die Ehre
Des Halbgotts und der Seinen
Verweht und selber sein Angesicht
Der Höchste wendet
Darob, daß nirgend ein
Unsterbliches mehr am Himmel zu sehn ist oder
Auf grüner Erde, was ist dies?

Es ist der Wurf des Säemanns, wenn er faßt
Mit der Schaufel den Weizen,
Und wirft, dem Klaren zu, ihn schwingend über die Tenne.
Ihm fällt die Schale vor den Füßen, aber
Ans Ende kommet das Korn,
Und nicht ein Übel ists, wenn einiges
Verloren gehet und von der Rede
Verhallet der lebendige Laut,
Denn göttliches Werk auch gleichet dem unsern,
Nicht alles will der Höchste zumal.
Zwar Eisen träget der Schacht,
Und glühende Harze der Ätna,
So hätt' ich Reichtum,
Ein Bild zu bilden, und ähnlich
Zu schaun, wie er gewesen, den Christ,

Wenn aber einer spornte sich selbst,
Und traurig redend, unterweges, da ich wehrlos wäre
Mich überfiele, daß ich staunt' und von dem Gotte
Das Bild nachahmen möcht' ein Knecht –
Im Zorne sichtbar sah' ich einmal
Des Himmels Herrn, nicht, daß ich sein sollt etwas, sondern
Zu lernen. Gütig sind sie, ihr Verhaßtestes aber ist,
So lange sie herrschen, das Falsche, und es gilt
Dann Menschliches unter Menschen nicht mehr.
Denn sie nicht walten, es waltet aber
Unsterblicher Schicksal und es wandelt ihr Werk
Von selbst, und eilend geht es zu Ende.
Wenn nämlich höher gehet himmlischer
Triumphgang, wird genennet, der Sonne gleich
Von Starken der frohlockende Sohn des Höchsten,

Ein Losungszeichen, und hier ist der Stab
Des Gesanges, niederwinkend,
Denn nichts ist gemein. Die Toten wecket
Er auf, die noch gefangen nicht
Vom Rohen sind. Es warten aber
Der scheuen Augen viele
Zu schauen das Licht. Nicht wollen
Am scharfen Strahle sie blühn,

Wiewohl den Mut der goldene Zaum hält.
Wenn aber, als
Von schwellenden Augenbraunen
Der Welt vergessen
Stilleuchtende Kraft aus heiliger Schrift fällt, mögen
Der Gnade sich freuend, sie
Am stillen Blicke sich üben.

Und wenn die Himmlischen jetzt
So, wie ich glaube, mich lieben
Wie viel mehr Dich,
Denn Eines weiß ich,
Daß nämlich der Wille
Des ewigen Vaters viel
Dir gilt. Still ist sein Zeichen
Am donnernden Himmel. Und Einer stehet darunter
Sein Leben lang. Denn noch lebt Christus.
Es sind aber die Helden, seine Söhne
Gekommen all und heilige Schriften
Von ihm und den Blitz erklären
Die Taten der Erde bis itzt,
Ein Wettlauf unaufhaltsam. Er ist aber dabei. Denn seine
    Werke sind
Ihm alle bewußt von jeher.

Zu lang, zu lang schon ist
Die Ehre der Himmlischen unsichtbar.
Denn fast die Finger müssen sie .
Uns führen und schmählich
Entreißt das Herz uns eine Gewalt.
Denn Opfer will der Himmlischen jedes,
Wenn aber eines versäumt ward,
Nie hat es Gutes gebracht.
Wir haben gedienet der Mutter Erd'
Und haben jüngst dem Sonnenlichte gedient,
Unwissend, der Vater aber liebt,
Der über allen waltet,
Am meisten, daß gepfleget werde
Der feste Buchstab, und bestehendes gut
Gedeutet. Dem folgt deutscher Gesang.

Andenken

Der Nordost wehet,
Der liebste unter den Winden
Mir, weil er feurigen Geist
Und gute Fahrt verheißet den Schiffern.
Geh aber nun und grüße
Die schöne Garonne,
Und die Gärten von Bourdeaux
Dort, wo am scharfen Ufer
Hingehet der Steg und in den Strom
Tief fällt der Bach, darüber aber
Hinschauet ein edel Paar
Von Eichen und Silberpappeln;

Noch denket das mir wohl und wie
Die breiten Gipfel neiget
Der Ulmwald, über die Mühl',
Im Hofe aber wächset ein Feigenbaum.
An Feiertagen gehn
Die braunen Frauen daselbst
Auf seidnen Boden,
Zur Märzenzeit,
Wenn gleich ist Nacht und Tag,
Und über langsamen Stegen,
Von goldenen Träumen schwer,
Einwiegende Lüfte ziehen.

Es reiche aber,
Des dunkeln Lichtes voll,
Mir einer den duftenden Becher,
Damit ich ruhen möge; denn süß
Wär' unter Schatten der Schlummer.
Nicht ist es gut,
Seellos von sterblichen
Gedanken zu sein. Doch gut
Ist ein Gespräch und zu sagen
Des Herzens Meinung, zu hören viel
Von Tagen der Lieb',
Und Taten, welche geschehen.

173

Wo aber sind die Freunde? Bellarmin*
Mit dem Gefährten? Mancher
Trägt Scheue, an die Quelle zu gehn;
Es beginnet nämlich der Reichtum
Im Meere. Sie,
Wie Maler, bringen zusammen
Das Schöne der Erd' und verschmähn
Den geflügelten Krieg nicht, und
Zu wohnen einsam, jahrlang, unter
Dem entlaubten Mast, wo nicht die Nacht durchglänzen
Die Feiertage der Stadt,
Und Saitenspiel und eingeborener Tanz nicht.

Nun aber sind zu Indiern
Die Männer gegangen,
Dort an der luftigen Spitz'
An Traubenbergen, wo herab
Die Dordogne kommt,
Und zusammen mit der prächt'gen
Garonne meerbreit
Ausgehet der Strom. Es nehmet aber
Und gibt Gedächtnis die See,
Und die Lieb' auch heftet fleißig die Augen,
Was bleibet aber, stiften die Dichter.

Der Ister**

Jetzt komme, Feuer!
Begierig sind wir
Zu schauen den Tag,
Und wenn die Prüfung
Ist durch die Knie gegangen,
Mag einer spüren das Waldgeschrei.
Wir singen aber vom Indus her
Fernangekommen und

---

* poetischer Deckname für Sinclair.
** griechische Bezeichnung für die Donau.

Vom Alpheus*, lange haben
Das Schickliche wir gesucht,
Nicht ohne Schwingen mag
Zum Nächsten einer greifen
Geradezu
Und kommen auf die andere Seite.
Hier aber wollen wir bauen.
Denn Ströme machen urbar
Das Land. Wenn nämlich Kräuter wachsen
Und an denselben gehn
Im Sommer zu trinken die Tiere,
So gehn auch Menschen daran.

Man nennet aber diesen den Ister.
Schön wohnt er. Es brennet der Säulen Laub,
Und reget sich. Wild stehn
Sie aufgerichtet, untereinander; darob
Ein zweites Maß, springt vor
Von Felsen das Dach. So wundert
Mich nicht, daß er
Den Herkules zu Gaste geladen,
Fernglänzend, am Olympos drunten,
Da der, sich Schatten zu suchen
Vom heißen Isthmos kam,
Denn voll des Mutes waren
Daselbst sie, es bedarf aber, der Geister wegen,
Der Kühlung auch. Darum zog jener lieber
An die Wasserquellen hieher und gelben Ufer,
Hoch duftend oben, und schwarz
Vom Fichtenwald, wo in den Tiefen
Ein Jäger gern lustwandelt
Mittags, und Wachstum hörbar ist
An harzigen Bäumen des Isters,

---

* Fluß bei Olympia.

Der scheinet aber fast
Rückwärts zu gehen und
Ich mein, er müsse kommen
Von Osten.
Vieles wäre
Zu sagen davon. Und warum hängt er
An den Bergen gerad? Der andre
Der Rhein ist seitwärts
Hinweggegangen. Umsonst nicht gehn
Im Trocknen die Ströme. Aber wie? Ein Zeichen braucht es
Nichts anderes, schlecht und recht, damit es Sonn
Und Mond trag' im Gemüt', untrennbar,
Und fortgeh, Tag und Nacht auch, und
Die Himmlischen warm sich fühlen aneinander.
Darum sind jene auch
Die Freude des Höchsten. Denn wie käm er
Herunter? Und wie Hertha* grün,
Sind sie die Kinder des Himmels. Aber allzugedultig
Scheint der mir, nicht
Freier, und fast zu spotten. Nämlich wenn

Angehen soll der Tag
In der Jugend, wo er zu wachsen
Anfängt, es treibet ein anderer da
Hoch schon die Pracht, und Füllen gleich
In den Zaum knirscht er, und weithin hören
Das Treiben die Lüfte,
Ist der zufrieden;
Es brauchet aber Stiche der Fels
Und Furchen die Erd',
Unwirtbar wär es, ohne Weile;
Was aber jener tuet der Strom,
Weiß niemand.

---

*   Bezeichnung für Erde in der germanischen Mythologie.

Mnemosyne*

Reif sind, in Feuer getaucht, gekochet
Die Frücht und auf der Erde geprüfet und ein Gesetz ist
Daß alles hineingeht, Schlangen gleich,
Prophetisch, träumend auf
Den Hügeln des Himmels. Und vieles
Wie auf den Schultern eine
Last von Scheitern ist
Zu behalten. Aber bös sind
Die Pfade. Nämlich unrecht,
Wie Rosse, gehn die gefangenen
Element' und alten
Gesetze der Erd. Und immer
Ins Ungebundene gehet eine Sehnsucht. Vieles aber ist
Zu behalten. Und Not die Treue.
Vorwärts aber und rückwärts wollen wir
Nicht sehn. Uns wiegen lassen, wie
Auf schwankem Kahne der See.

Wie aber liebes? Sonnenschein
Am Boden sehen wir und trockenen Staub
Und heimatlich die Schatten der Wälder und es blühet
An Dächern der Rauch, bei alter Krone
Der Türme, friedsam; gut sind nämlich
Hat gegenredend die Seele
Ein Himmlisches verwundet, die Tageszeichen.
Denn Schnee, wie Maienblumen
Das Edelmütige, wo
Es seie, bedeutend, glänzet auf
Der grünen Wiese
Der Alpen, hälftig, da, vom Kreuze redend, das
Gesetzt ist unterwegs einmal
Gestorbenen, auf hoher Straß
Ein Wandersmann geht zornig,
Fern ahnend mit
Dem andern, aber was ist dies?

---

* Erinnerung; in der griechischen Mythologie die Mutter der Musen.

Am Feigenbaum ist mein
Achilles mir gestorben,
Und Ajax liegt
An den Grotten der See,
An Bächen, benachbart dem Skamandros.
An Schläfen Sausen einst, nach
Der unbewegten Salamis steter
Gewohnheit, in der Fremd', ist groß
Ajax gestorben
Patroklos aber in des Königes Harnisch. Und es starben
Noch andere viel. Am Kithäron aber lag
Elevtherä*, der Mnemosyne Stadt. Der auch als
Ablegte den Mantel Gott, das abendliche nachher löste
Die Locken. Himmlische nämlich sind
Unwillig, wenn einer nicht die Seele schonend sich
Zusammengenommen, aber er muß doch; dem
Gleich fehlet die Trauer.

Was ist der Menschen Leben

Was ist der Menschen Leben ein Bild der Gottheit.
Wie unter dem Himmel wandeln die Irdischen alle, sehen
Sie diesen. Lesend aber gleichsam, wie
In einer Schrift, die Unendlichkeit nachahmen und den Reichtum

Menschen. Ist der einfältige Himmel
Denn reich? Wie Blüten sind ja
Silberne Wolken. Es regnet aber von daher
Der Tau und das Feuchte. Wenn aber
Das Blau ist ausgelöschet, das Einfältige, scheint
Das Matte, das dem Marmelstein gleichet, wie Erz,
Anzeige des Reichtums.

---

*   Stadt am Fuß des griechischen Waldgebirges Kithäron.

Was ist Gott?

Was ist Gott? unbekannt, dennoch
Voll Eigenschaften ist das Angesicht
Des Himmels von ihm. Die Blitze nämlich
Der Zorn sind eines Gottes. Jemehr ist eins
Unsichtbar, schicket es sich in Fremdes. Aber der Donner
Der Ruhm ist Gottes. Die Liebe zur Unsterblichkeit
Das Eigentum auch, wie das unsere,
Ist eines Gottes.

Wenn aber die Himmlischen

Wenn aber die Himmlischen haben
Gebaut, still ist es
Auf Erden, und wohlgestalt stehn
Die betroffenen Berge. Gezeichnet
Sind ihre Stirnen. Denn es traf
Sie, da den Donnerer hielt
Unzärtlich die gerade Tochter
Des Gottes bebender Strahl
Und wohl duftet gelöscht
Von oben der Aufruhr.
Wo inne stehet, beruhiget, da
Und dort, das Feuer.
Denn Freude schüttet
Der Donnerer aus und hätte fast
Des Himmels vergessen
Damals im Zorne, hätt ihn nicht
Das Weise gewarnet.
Jetzt aber blüht es
Am armen Ort.
Und wunderbar groß will
Es stehen.
Gebirg hänget See,
Warme Tiefe es kühlen aber die Lüfte
Inseln und Halbinseln,
Grotten zu beten,

Ein glänzender Schild
Und schnell, wie Rosen,

                oder es schafft

Auch andere Art,
Es sprosset aber

                viel üppig neidiges

Unkraut, das blendet, schneller schießet
Es auf, das ungelenke, denn es scherzet
Der Schöpferische, sie aber
Verstehen es nicht. Zu zornig greift
Es und wächst. Und dem Brande gleich,
Der Häuser verzehrt, schlägt
Empor, achtlos, und schonet
Den Raum nicht, und die Pfade bedecket,
Weitgärend, ein dampfend Gewölk
              die unbeholfene Wildnis.
So will es göttlich scheinen. Aber
Furchtbar ungastlich windet
Sich durch den Garten die Irre,
Die augenlose, da den Ausgang
Mit reinen Händen kaum
Erfindet ein Mensch. Der gehet, gesandt,
Und suchet, dem Tier gleich, das
Notwendige. Zwar mit Armen,
Der Ahnung voll, mag einer treffen
Das Ziel. Wo nämlich
Die Himmlischen eines Zaunes oder Merkmals,
Das ihren Weg
Anzeige, oder eines Bades
Bedürfen, reget es wie Feuer
In der Brust der Männer sich.

Noch aber hat andre
Bei sich der Vater.
Denn über den Alpen
Weil an den Adler

Sich halten müssen, damit sie nicht
Mit eigenem Sinne zornig deuten
Die Dichter, wohnen über dem Fluge
Des Vogels, um den Thron
Des Gottes der Freude
Und decken den Abgrund
Ihm zu, die gelbem Feuer gleich, in reißender Zeit
Sind über Stirnen der Männer,
Die Prophetischen, denen möchten
Es neiden, weil die Furcht
Sie lieben, Schatten der Hölle,

Sie aber trieb,
Ein rein Schicksal
Eröffnend von
Der Erde heiligen Tischen
Der Reiniger Herkules,
Der bleibet immer lauter, jetzt noch,
Mit dem Herrscher, und othembringend steigen
Die Dioskuren ab und auf,
An unzugänglichen Treppen, wenn von himmlischer Burg
Die Berge fernhinziehen
Bei Nacht, und hin
Die Zeiten
Pythagoras

Im Gedächtnis aber lebet Philoktetes,

Die helfen dem Vater.
Denn ruhen mögen sie. Wenn aber
Sie reizet unnütz Treiben
Der Erd' und es nehmen
Den Himmlischen
    die Sinne, brennend kommen
Sie dann,

Die othemlosen –

Denn es hasset
Der sinnende Gott
Unzeitiges Wachstum.

Das Angenehme dieser Welt hab' ich genossen

Gedichte 1806–1843

Freundschaft, Liebe

Freundschaft, Liebe, Kirch und Heilge, Kreuze, Bilder,
Altar und Kanzel und Musik. Es tönet ihm die Predigt.
Die Kinderlehre scheint nach Tisch ein schlummernd müßig
Gespräch für Mann und Kind und Jungfrau, fromme Frauen;
Hernach geht er, der Herr, der Burgersmann und Künstler
Auf Feldern froh umher und heimatlichen Auen,
Die Jugend geht betrachtend auch.

Wenn aus der Ferne

Wenn aus der Ferne, da wir geschieden sind,
   Ich dir noch kennbar bin, die Vergangenheit
      O du Teilhaber meiner Leiden!
         Einiges Gute bezeichnen dir kann,

So sage, wie erwartet die Freundin dich
   In jenen Gärten, da nach entsetzlicher
      Und dunkler Zeit wir uns gefunden?
         Hier an den Strömen der heilgen Urwelt.

Das muß ich sagen, einiges Gutes war
   In deinen Blicken, als in den Fernen du
      Dich einmal fröhlich umgesehen
         Immer verschlossener Mensch, mit finstrem

Aussehn. Wie flossen Stunden dahin, wie still
   War meine Seele über der Wahrheit daß
      Ich so getrennt gewesen wäre?
         Ja! ich gestand es, ich war die deine.

Wahrhaftig! wie du alles Bekannte mir
   In mein Gedächtnis bringen und schreiben willst,
      Mit Briefen, so ergeht es mir auch
         Daß ich Vergangenes alles sage.

Wars Frühling? war es Sommer? die Nachtigall
  Mit süßem Liede lebte mit Vögeln, die
    Nicht ferne waren im Gebüsche
      Und mit Gerüchen umgaben Bäum' uns.

Die klaren Gänge, niedres Gesträuch und Sand
  Auf dem wir traten, machten erfreulicher
    Und lieblicher die Hyazinthe
      Oder die Tulpe, Viole, Nelke.

Um Wänd und Mauern grünte der Efeu, grünt'
  Ein selig Dunkel hoher Alleen. Oft
    Des Abends, Morgens waren dort wir
      Redeten manches und sahn uns froh an.

In meinen Armen lebte der Jüngling auf,
  Der, noch verlassen, aus den Gefilden kam,
    Die er mir wies, mit einer Schwermut,
      Aber die Namen der seltnen Orte

Und alles Schöne hatt' er behalten, das
  An seligen Gestaden, auch mir sehr wert
    Im heimatlichen Lande blühet
      Oder verborgen, aus hoher Aussicht,

Allwo das Meer auch einer beschauen kann,
  Doch keiner sein will. Nehme vorlieb, und denk
    An die, die noch vergnügt ist, darum,
      Weil der entzückende Tag uns anschien,

Der mit Geständnis oder der Hände Druck
  Anhub, der uns vereinet. Ach! wehe mir!
    Es waren schöne Tage. Aber
      Traurige Dämmerung folgte nachher.

Du seiest so allein in der schönen Welt
  Behauptest du mir immer, Geliebter! das
    Weißt aber du nicht,

Auf den Tod eines Kindes

Die Schönheit ist den Kindern eigen,
Ist Gottes Ebenbild vielleicht, –
Ihr Eigentum ist Ruh und Schweigen,
Das Engeln auch zum Lob gereicht.

Der Ruhm

Es knüpft an Gott der Wohllaut, der geleitet
Ein sehr berühmtes Ohr, denn wunderbar
Ist ein berühmtes Leben groß und klar,
Es geht der Mensch zu Fuße oder reitet.

Der Erde Freuden, Freundlichkeit und Güter,
Der Garten, Baum, der Weinberg mit dem Hüter,
Sie scheinen mir ein Widerglanz des Himmels,
Gewähret von dem Geist den Söhnen des Gewimmels. –

Wenn Einer ist mit Gütern reich beglücket,
Wenn Obst den Garten ihm, und Gold ausschmücket
Die Wohnung und das Haus, was mag er haben
Noch mehr in dieser Welt, sein Herz zu laben?

Auf die Geburt eines Kindes

Wie wird des Himmels Vater schauen
Mit Freude das erwachs'ne Kind,
Gehend auf blumenreichen Auen,
Mit andern, welche lieb ihm sind.

Indessen freue dich des Lebens,
Aus einer guten Seele kommt
Die Schönheit herrlichen Bestrebens,
Göttlicher Grund dir mehr noch frommt.

Das Angenehme dieser Welt

Das Angenehme dieser Welt hab' ich genossen,
Die Jugendstunden sind, wie lang! wie lang! verflossen,
April und Mai und Julius sind ferne,
Ich bin nichts mehr, ich lebe nicht mehr gerne!

An Zimmern[*]

Die Linien des Lebens sind verschieden
Wie Wege sind, und wie der Berge Grenzen.
Was hier wir sind, kann dort ein Gott ergänzen
Mit Harmonien und ewigem Lohn und Frieden.

Wenn aus dem Himmel

Wenn aus dem Himmel hellere Wonne sich
  Herabgießt, eine Freude den Menschen kommt,
    Daß sie sich wundern über manches
      Sichtbares, Höheres, Angenehmes:

Wie tönet lieblich heilger Gesang dazu!
  Wie lacht das Herz in Liedern die Wahrheit an,
    Daß Freudigkeit an einem Bildnis –
      Über dem Stege beginnen Schafe

Den Zug, der fast in dämmernde Wälder geht.
  Die Wiesen aber, welche mit lautrem Grün
    Bedeckt sind, sind wie jene Heide,
      Welche gewöhnlicher Weise nah ist

---

[*] Am 3. Mai 1807 wird Hölderlin als unheilbar aus der Autenriethschen Klinik in Tübingen entlassen. Seine Pflege übernimmt der Schreinermeister Ernst Zimmer, in dessen Haus Hölderlin bis zu seinem Tod 1843 das Turmzimmer bewohnt. Nach dem Tod ihres Vaters 1838 übernimmt Charlotte Zimmer Hölderlins Pflege.

Dem dunkeln Walde. Da, auf den Wiesen auch
   Verweilen diese Schafe. Die Gipfel, die
      Umher sind, nackte Höhen sind mit
         Eichen bedecket und seltnen Tannen.

Da, wo des Stromes regsame Wellen sind,
   Daß einer, der vorüber des Weges kommt,
      Froh hinschaut, da erhebt der Berge
         Sanfte Gestalt und der Weinberg hoch sich.

Zwar gehn die Treppen unter den Reben hoch
   Herunter, wo der Obstbaum blühend darüber steht
      Und Duft an wilden Hecken weilet,
         Wo die verborgenen Veilchen sprossen;

Gewässer aber rieseln herab, und sanft
   Ist hörbar dort ein Rauschen den ganzen Tag;
      Die Orte aber in der Gegend
         Ruhen und schweigen den Nachmittag durch.

An Zimmern

Von einem Menschen sag ich, wenn der ist gut
   Und weise, was bedarf er? Ist irgend eins
      Das einer Seele gnüget? ist ein Halm, ist
         Eine gereifteste Reb' auf Erden

Gewachsen, die ihn nähre? Der Sinn ist des
   Also. Ein Freund ist oft die Geliebte, viel
      Die Kunst. O Teurer, dir sag ich die Wahrheit.
         Dädalus Geist und des Walds ist deiner.

Der Frühling

Wenn auf Gefilden neues Entzücken keimt
   Und sich die Ansicht wieder verschönt und sich
      An Bergen, wo die Bäume grünen,
         Hellere Lüfte, Gewölke zeigen,

O! welche Freude haben die Menschen! froh
Gehn an Gestaden Einsame, Ruh und Lust
Und Wonne der Gesundheit blühet,
Freundliches Lachen ist auch nicht ferne.

Der Mensch

Wer Gutes ehrt, er macht sich keinen Schaden,
Er hält sich hoch, er lebt den Menschen nicht vergebens,
Er kennt den Wert, den Nutzen solchen Lebens,
Er traut dem Bessern sich, er geht auf Segenspfaden.

Das Gute

Wenn Inneres sich bewährt, ist Gutes zu erkennen,
Es ist zu würdigen, von Menschen zu benennen,
Ist anwendbar, wie sehr die Menschen widerstreben,
Es ist zu achten, nützt und ist nötig in dem Leben.

Das fröhliche Leben

Wenn ich auf die Wiese komme,
Wenn ich auf dem Felde jetzt,
Bin ich noch der Zahme, Fromme
Wie von Dornen unverletzt.
Mein Gewand in Winden wehet,
Wie der Geist mir lustig fragt,
Worin Inneres bestehet,
Bis Auflösung diesem tagt.

O vor diesem sanften Bilde,
Wo die grünen Bäume stehn,
Wie vor einer Schenke Schilde
Kann ich kaum vorübergehn.
Denn die Ruh an stillen Tagen

Dünkt entschieden trefflich mir,
Dieses mußt du gar nicht fragen,
Wenn ich soll antworten dir.

Aber zu dem schönen Bache
Such' ich einen Lustweg wohl,
Der, als wie in dem Gemache,
Schleicht durch's Ufer wild und hohl,
Wo der Steg darüber gehet,
Geht's den schönen Wald hinauf,
Wo der Wind den Steg umwehet,
Sieht das Auge fröhlich auf.

Droben auf des Hügels Gipfel
Sitz' ich manchen Nachmittag,
Wenn der Wind umsaust die Wipfel,
Bei des Turmes Glockenschlag,
Und Betrachtung gibt dem Herzen
Frieden, wie das Bild auch ist,
Und Beruhigung den Schmerzen,
Welche reimt Verstand und List.

Holde Landschaft! wo die Straße
Mitten durch sehr eben geht,
Wo der Mond aufsteigt, der blasse,
Wenn der Abendwind entsteht,
Wo die Natur sehr einfältig,
Wo die Berg' erhaben stehn,
Geh' ich heim zuletzt, haushältig,
Dort nach goldnem Wein zu sehn.

Der Spaziergang

Ihr Wälder schön an der Seite,
Am grünen Abhang gemalt,
Wo ich umher mich leite,
Durch süße Ruhe bezahlt
Für jeden Stachel im Herzen,
Wenn dunkel mir ist der Sinn,

Den Kunst und Sinnen hat Schmerzen
Gekostet von Anbeginn.
Ihr lieblichen Bilder im Tale,
Zum Beispiel Gärten und Baum,
Und dann der Steg der schmale,
Der Bach zu sehen kaum,
Wie schön aus heiterer Ferne
Glänzt Einem das herrliche Bild
Der Landschaft, die ich gerne
Besuch' in Witterung mild.
Die Gottheit freundlich geleitet
Uns erstlich mit Blau,
Hernach mit Wolken bereitet,
Gebildet wölbig und grau,
Mit sengenden Blitzen und Rollen
Des Donners, mit Reiz des Gefilds,
Mit Schönheit, die gequollen
Vom Quell ursprünglichen Bilds.

Der Kirchhof

Du stiller Ort, der grünt mit jungem Grase,
Da liegen Mann und Frau, und Kreuze stehn,
Wohin hinaus geleitet Freunde gehn,
Wo Fenster sind glänzend mit hellem Glase.

Wenn glänzt an dir des Himmels hohe Leuchte
Des Mittags, wann der Frühling dort oft weilt,
Wenn geistige Wolke dort, die graue, feuchte
Wenn sanft der Tag vorbei mit Schönheit eilt!

Wie still ist's nicht an jener grauen Mauer,
Wo drüber her ein Baum mit Früchten hängt;
Mit schwarzen tauigen, und Laub voll Trauer,
Die Früchte aber sind sehr schön gedrängt.

Dort in der Kirch' ist eine dunkle Stille
Und der Altar ist auch in dieser Nacht geringe,
Noch sind darin einige schöne Dinge,
Im Sommer aber singt auf Feldern manche Grille.

Wenn Einer dort Reden des Pfarrherrn hört,
Indes die Schar der Freunde steht daneben,
Die mit dem Toten sind, welch eignes Leben
Und welcher Geist, und fromm sein ungestört.

Die Zufriedenheit

Wenn aus dem Leben kann ein Mensch sich finden,
Und das begreifen, wie das Leben sich empfindet,
So ist es gut; wer aus Gefahr sich windet,
Ist wie ein Mensch, der kommt aus Sturm' und Winden.

Doch besser ists, die Schönheit auch zu kennen,
Einrichtung, die Erhabenheit des ganzen Lebens,
Wenn Freude kommt aus Mühe des Bestrebens,
Und wie die Güter all' in dieser Zeit sich nennen.

Der Baum, der grünt, die Gipfel von Gezweigen,
Die Blumen, die des Stammes Rind' umgeben,
Sind aus der göttlichen Natur, sie sind ein Leben,
Weil über dieses sich des Himmels Lüfte neigen.

Wenn aber mich neugier'ge Menschen fragen,
Was dieses sei, sich für Empfindung wagen,
Was die Bestimmung sei, das Höchste, das Gewinnen,
So sag' ich, das ist es, das Leben, wie das Sinnen.

Wen die Natur gewöhnlich, ruhig machet,
Er mahnet mich, den Menschen froh zu leben,
Warum? die Klarheit ist's, vor der auch Weise beben,
Die Freudigkeit ist schön, wenn alles scherzt und lachet.

Der Männer Ernst, der Sieg und die Gefahren,
Sie kommen aus Gebildetheit, und aus Gewahren,
Es geb' ein Ziel; das Hohe von den Besten
Erkennt sich an dem Sein, und schönen Überresten.

Sie selber aber sind, wie Auserwählte,
Von ihnen ist das Neue, das Erzählte,
Die Wirklichkeit der Taten geht nicht unter,
Wie Sterne glänzen, gibts ein Leben groß und munter.

Das Leben ist aus Taten und verwegen,
Ein hohes Ziel, gehaltener's Bewegen,
Der Gang und Schritt, doch Seligkeit aus Tugend,
Und großer Ernst, und dennoch lautre Jugend.

Die Reu, und die Vergangenheit in diesem Leben
Sind ein verschiednes Sein, die Eine glücket
Zu Ruhm und Ruh', und allem, was entrücket,
Zu hohen Regionen, die gegeben;

Die Andre führt zu Qual, und bittern Schmerzen
Wenn Menschen untergehn, die mit dem Leben scherzen,
Und das Gebild' und Antlitz sich verwandelt
Von Einem, der nicht gut und schön gehandelt.

Die Sichtbarkeit lebendiger Gestalt, das Währen
In dieser Zeit, wie Menschen sich ernähren,
Ist fast ein Zwist, der lebet der Empfindung,
Der andre strebt nach Mühen und Erfindung.

Nicht alle Tage

Nicht alle Tage nennet die schönsten der,
    Der sich zurücksehnt unter die Freuden wo
        Ihn Freunde liebten wo die Menschen
            Über dem Jüngling mit Gunst verweilten.

Aussicht

Wenn Menschen fröhlich sind, ist dieses vom Gemüte,
Und aus dem Wohlergehn, doch aus dem Felde kommet,
Zu schaun der Bäume Wuchs, die angenehme Blüte,
Da Frucht der Ernte noch den Menschen wächst und frommet.

Gebirg umgibt das Feld, vom Himmel hoch entstehet
Die Dämmerung und Luft, der Ebnen sanfte Wege
Sind in den Feldern fern, und über Wasser gehet
Der Mensch zu Örtern dort die kühn erhöhten Stege.

Erinnerung ist auch dem Menschen in den Worten,
Und der Zusammenhang der Menschen gilt die Tage
Des Lebens durch zum Guten in den Orten,
Doch zu sich selber macht der Mensch des Wissens Frage.

Die Aussicht scheint Ermunterung, der Mensch erfreuet
Am Nutzen sich, mit Tagen dann erneuet
Sich sein Geschäft, und um das Gute waltet
Die Vorsicht gut, zu Dank, der nicht veraltet.

Dem Gnädigsten Herrn von Lebret[*]

Sie, Edler! sind der Mensch, von dem das Beste sagen
Nicht fälschlich ist, da jeder Mensch es kennet,
Doch die Vollkommenheit enthält verschiedne Fragen,
Wenn schon der Mensch es leicht bezeugt nennet.

Sie aber haben dies in recht gewohntem Leben,
In der Gewogenheit, von der sich Menschen ehren,
Das ist den Würdigern als wie ein Gut gegeben,
Da viele sich in Not und Gram verzehren.

So unverlierbar dies, so geht es, hoch zu gelten,
Aus der Gewogenheit; die Menschen leben nimmer
Allein und schlechterdings von ihrem Schein und Schimmer,
Der Mensch bezeuget dies und Weisheit geht in Welten.

---

[*] der Tübinger Theologe und Universitätskanzler Johann Friedrich Lebret.

Der Frühling

Wie selig ists, zu sehn, wenn Stunden wieder tagen,
Wo sich vergnügt der Mensch umsieht in den Gefilden,
Wenn Menschen sich um das Befinden fragen,
Wenn Menschen sich zum frohen Leben bilden.

Wie sich der Himmel wölbt, und auseinander dehnet,
So ist die Freude dann an Ebnen und im Freien,
Wenn sich das Herz nach neuem Leben sehnet,
Die Vögel singen, zum Gesange schreien.

Der Mensch, der oft sein Inneres gefraget,
Spricht von dem Leben dann, aus dem die Rede gehet,
Wenn nicht der Gram an einer Seele naget,
Und froh der Mann vor seinen Gütern stehet.

Wenn eine Wohnung prangt, in hoher Luft gebauet,
So hat der Mensch das Feld geräumiger und Wege
Sind weit hinaus, daß Einer um sich schauet,
Und über einen Bach gehen wohlgebaute Stege.

Der Herbst

Die Sagen, die der Erde sich entfernen,
Vom Geiste, der gewesen ist und wiederkehret,
Sie kehren zu der Menschheit sich, und vieles lernen
Wir aus der Zeit, die eilends sich verzehret.

Die Bilder der Vergangenheit sind nicht verlassen
Von der Natur, als wie die Tag' verblassen
Im hohen Sommer, kehrt der Herbst zur Erde nieder,
Der Geist der Schauer findet sich am Himmel wieder.

In kurzer Zeit hat vieles sich geendet,
Der Landmann, der am Pfluge sich gezeiget,
Er siehet, wie das Jahr sich frohem Ende neiget,
In solchen Bildern ist des Menschen Tag vollendet.

Der Erde Rund mit Felsen ausgezieret
Ist wie die Wolke nicht, die Abends sich verlieret,
Es zeigt sich mit einem goldnen Tage,
Und die Vollkommenheit ist ohne Klage.

Der Sommer

Das Erntefeld erscheint, auf Höhen schimmert
Der hellen Wolke Pracht, indes am weiten Himmel
In stiller Nacht die Zahl der Sterne flimmert,
Groß ist und weit von Wolken das Gewimmel.

Die Pfade gehn entfernter hin, der Menschen Leben
Es zeiget sich auf Meeren unverborgen,
Der Sonne Tag ist zu der Menschen Streben
Ein hohes Bild, und golden glänzt der Morgen.

Mit neuen Farben ist geschmückt der Gärten Breite,
Der Mensch verwundert sich, daß sein Bemühn gelinget,
Was er mit Tugend schafft, und was er hoch vollbringet,
Es steht mit der Vergangenheit in prächtigem Geleite.

Der Frühling

Es kommt der neue Tag aus fernen Höhn herunter,
Der Morgen der erwacht ist aus den Dämmerungen,
Er lacht die Menschheit an, geschmückt und munter,
Von Freuden ist die Menschheit sanft durchdrungen.

Ein neues Leben will der Zukunft sich enthüllen,
Mit Blüten scheint, dem Zeichen froher Tage,
Das große Tal, die Erde sich zu füllen,
Entfernt dagegen ist zur Frühlingszeit die Klage.

Mit Untertänigkeit
Scardanelli.[*]

d: 3tenMärz 1648.

---

[*] ab 1837 beginnt Hölderlin seine Gedichte mit „Scardanelli" zu unterzeichnen und mit fiktiver Jahreszahl zu versehen.

Aussicht

Der offne Tag ist Menschen hell mit Bildern,
Wenn sich das Grün aus ebner Ferne zeiget,
Noch eh' des Abends Licht zur Dämmerung sich neiget,
Und Schimmer sanft den Glanz des Tages mildern.
Oft scheint die Innerheit der Welt umwölkt verschlossen,
Des Menschen Sinn von Zweifeln voll, verdrossen,
Die prächtige Natur erheitert seine Tage,
Und ferne steht des Zweifels dunkle Frage.

Mit Untertänigkeit
Scardanelli.

Den 24ten März 1671

Der Frühling

Die Sonne glänzt, es blühen die Gefilde,
Die Tage kommen blütenreich und milde,
Der Abend blüht hinzu, und helle Tage gehen
Vom Himmel abwärts, wo die Tag' entstehen.

Das Jahr erscheint mit seinen Zeiten
Wie eine Pracht, wo Feste sich verbreiten,
Der Menschen Tätigkeit beginnt mit neuem Ziele,
So sind die Zeichen in der Welt, der Wunder viele.

mit Untertänigkeit
Scardanelli.

d. 24 April
1839.

Höheres Leben

Der Mensch erwählt sein Leben, sein Beschließen,
Von Irrtum frei kennt Weisheit er, Gedanken,
Erinnrungen, die in der Welt versanken,
Und nichts kann ihm der innern Wert verdrießen.

Die prächtige Natur verschönet seine Tage,
Der Geist in ihm gewährt ihm neues Trachten
In seinem Innern oft, und das, die Wahrheit achten,
Und höhern Sinn, und manche seltne Frage.

Dann kann der Mensch des Lebens Sinn auch kennen,
Das Höchste seinem Zweck, das Herrlichste benennen,
Gemäß der Menschheit so des Lebens Welt betrachten,
Und hohen Sinn als höhres Leben achten.

                                        Scardanelli.

Höhere Menschheit

Den Menschen ist der Sinn ins Innere gegeben,
Daß sie als anerkannt das Beßre wählen,
Es gilt als Ziel, es ist das wahre Leben,
Von dem sich geistiger des Lebens Jahre zählen.

                                        Scardanelli.

Des Geistes Werden

Des Geistes Werden ist den Menschen nicht verborgen,
Und wie das Leben ist, das Menschen sich gefunden,
Es ist des Lebens Tag, es ist des Lebens Morgen,
Wie Reichtum sind des Geistes hohe Stunden.

Wie die Natur sich dazu herrlich findet,
Ist, daß der Mensch nach solcher Freude schauet,
Wie er dem Tage sich, dem Leben sich vertrauet,
Wie er mit sich den Bund des Geistes bindet.

Der Frühling

Der Mensch vergißt die Sorgen aus dem Geiste,
Der Frühling aber blüh't, und prächtig ist das Meiste,
Das grüne Feld ist herrlich ausgebreitet
Da glänzend schön der Bach hinuntergleitet.

Die Berge stehn bedecket mit den Bäumen,
Und herrlich ist die Luft in offnen Räumen,
Das weite Tal ist in der Welt gedehnet
Und Turm und Haus an Hügeln angelehnet.

Mit Untertänigkeit
Scardanelli

Der Sommer

Wenn dann vorbei des Frühlings Blüte schwindet,
So ist der Sommer da, der um das Jahr sich windet.
Und wie der Bach das Tal hinuntergleitet,
So ist der Berge Pracht darum verbreitet.
Daß sich das Feld mit Pracht am meisten zeiget,
Ist, wie der Tag, der sich zum Abend neiget;
Wie so das Jahr verweilt, so sind des Sommers Stunden
Und Bilder der Natur dem Menschen oft verschwunden.

d. 24 Mai
1778.   Scardanelli.

Der Winter

Wenn bleicher Schnee verschönert die Gefilde,
Und hoher Glanz auf weiter Ebne blinkt,
So reizt der Sommer fern, und milde
Naht sich der Frühling oft, indes die Stunde sinkt.

Die prächtige Erscheinung ist, die Luft ist feiner,
Der Wald ist hell, es geht der Menschen keiner
Auf Straßen, die zu sehr entlegen sind, die Stille machet
Erhabenheit, wie dennoch alles lachet.

Der Frühling scheint nicht mit Blüten Schimmer
Dem Menschen so gefallend, aber Sterne
Sind an dem Himmel hell, man siehet gerne
Den Himmel fern, der ändert fast sich nimmer.

Die Ströme sind, wie Ebnen, die Gebilde
Sind, auch zerstreut, erscheinender, die Milde
Des Lebens dauert fort, der Städte Breite
Erscheint besonders gut auf ungemeßner Weite.

Winter

Wenn sich das Laub auf Ebnen weit verloren,
So fällt das Weiß herunter auf die Tale,
Doch glänzend ist der Tag vom hohen Sonnenstrahle,
Es glänzt das Fest den Städten aus den Toren.

Es ist die Ruhe der Natur, des Feldes Schweigen
Ist wie des Menschen Geistigkeit, und höher zeigen
Die Unterschiede sich, daß sich zu hohem Bilde
Sich zeiget die Natur, statt mit des Frühlings Milde.

d. 25 Dezember
1841.
Dero
untertänigster
Scardanelli.

Der Winter

Das Feld ist kahl, auf ferner Höhe glänzet
Der blaue Himmel nur, und wie die Pfade gehen
Erscheinet die Natur, als Einerlei, das Wehen
Ist frisch, und die Natur von Helle nur umkränzet.

Der Erde Stund ist sichtbar von dem Himmel
Den ganzen Tag, in heller Nacht umgeben
Wenn hoch erscheint von Sternen das Gewimmel,
Und geistiger das weit gedehnte Leben.

Der Sommer

Noch ist die Zeit des Jahrs zu sehn, und die Gefilde
Des Sommers stehn in ihrem Glanz, in ihrer Milde;
Des Feldes Grün ist prächtig ausgebreitet,
Allwo der Bach hinab mit Wellen gleitet.

So zieht der Tag hinaus durch Berg und Tale,
Mit seiner Unaufhaltsamkeit und seinem Strahle,
Und Wolken ziehn in Ruh', in hohen Räumen,
Es scheint das Jahr mit Herrlichkeit zu säumen.

Mit Untertänigkeit
Scardanelli

d. 9 ten
März
1940.

Der Frühling

Wenn neu das Licht der Erde sich gezeiget,
Von Frühlingsregen glänzt das grüne Tal und munter
Der Blüten Weiß am hellen Strom hinunter,
Nachdem ein heitrer Tag zu Menschen sich geneiget.

Die Sichtbarkeit gewinnt von hellen Unterschieden,
Der Frühlingshimmel weilt mit seinem Frieden,
Daß ungestört der Mensch des Jahres Reiz betrachtet,
Und auf Vollkommenheit des Lebens achtet.

Mit Untertänigkeit
Scardanelli

d. 15 März
1842

Der Herbst

Das Glänzen der Natur ist höheres Erscheinen,
Wo sich der Tag mit vielen Freuden endet,
Es ist das Jahr, das sich mit Pracht vollendet,
Wo Früchte sich mit frohem Glanz vereinen.

Das Erdenrund ist so geschmückt, und selten lärmet
Der Schall durchs offne Feld, die Sonne wärmet
Den Tag des Herbstes mild, die Felder stehen
Als eine Aussicht weit, die Lüfte wehen

Die Zweig' und Äste durch mit frohem Rauschen
Wenn schon mit Leere sich die Felder dann vertauschen,
Der ganze Sinn des hellen Bildes lebet
Als wie ein Bild, das goldne Pracht umschwebet.

d. 15ten Nov.
1759.

Der Sommer

Im Tale rinnt der Bach, die Berg' an hoher Seite,
Sie grünen weit umher an dieses Tales Breite,
Und Bäume mit dem Laube stehn gebreitet,
Daß fast verborgen dort der Bach hinunter gleitet.

So glänzt darob des schönen Sommers Sonne,
Daß fast zu eilen scheint des hellen Tages Wonne,
Der Abend mit der Frische kommt zu Ende,
Und trachtet, wie er das dem Menschen noch vollende.

mit Untertänigkeit
Scardanelli.

d. 24 Mai
1758.

Der Sommer

Die Tage gehn vorbei mit sanfter Lüfte Rauschen,
Wenn mit der Wolke sie der Felder Pracht vertauschen,
Des Tales Ende trifft der Berge Dämmerungen,
Dort, wo des Stromes Wellen sich hinabgeschlungen.

Der Wälder Schatten sind umhergebreitet,
Wo auch der Bach entfernt hinuntergleitet,
Und sichtbar ist der Ferne Bild in Stunden,
Wenn sich der Mensch zu diesem Sinn gefunden.

d. 24 Mai   Scardanelli.
  1758.

Der Mensch

Wenn aus sich lebt der Mensch und wenn sein Rest sich zeiget,
So ist's, als wenn ein Tag sich Tagen unterscheidet,
Daß ausgezeichnet sich der Mensch zum Reste neiget,
Von der Natur getrennt und unbeneidet.

Als wie allein ist er im andern weiten Leben,
Wo rings der Frühling grünt, der Sommer freundlich weilet
Bis daß das Jahr im Herbst hinunter eilet,
Und immerdar die Wolken uns umschweben.

d. 28ten Juli   mit Untertänigkeit
  1842.   Scardanelli.

Der Winter

Wenn ungesehn und nun vorüber sind die Bilder
Der Jahreszeit, so kommt des Winters Dauer,
Das Feld ist leer, die Ansicht scheinet milder,
Und Stürme wehn umher und Regenschauer.

Als wie ein Ruhetag, so ist des Jahres Ende,
Wie einer Frage Ton, daß dieser sich vollende,
Alsdann erscheint des Frühlings neues Werden,
So glänzet die Natur mit ihrer Pracht auf Erden.

Mit Untertänigkeit

d. 24 April   Scardanelli.
1849

Der Winter

Wenn sich das Jahr geändert, und der Schimmer
Der prächtigen Natur vorüber, blühet nimmer
Der Glanz der Jahreszeit, und schneller eilen
Die Tage dann vorbei, die langsam auch verweilen.

Der Geist des Lebens ist verschieden in den Zeiten
Der lebenden Natur, verschiedne Tage breiten
Das Glänzen aus, und immerneues Wesen
Erscheint den Menschen recht, vorzüglich und erlesen.

Mit Untertänigkeit
Scardanelli.

d. 24 Januar
1676.

Der Winter

Wenn sich der Tag des Jahrs hinabgeneiget
Und rings das Feld mit den Gebirgen schweiget,
So glänzt das Blau des Himmels an den Tagen,
Die wie Gestirn in heitrer Höhe ragen.

Der Wechsel und die Pracht ist minder umgebreitet,
Dort, wo ein Strom hinab mit Eile gleitet,
Der Ruhe Geist ist aber in den Stunden
Der prächtigen Natur mit Tiefigkeit verbunden.

Mit Untertänigkeit

d. 24.   Scardanelli.
Januar
1743.

Griechenland

Wie Menschen sind, so ist das Leben prächtig,
Die Menschen sind der Natur öfters mächtig,
Das prächt'ge Land ist Menschen nicht verborgen
Mit Reiz erscheint der Abend und der Morgen.
Die offnen Felder sind als in der Ernte Tage
Mit Geistigkeit ist weit umher die alte Sage,
Und neues Leben kommt aus Menschheit wieder
So sinkt das Jahr mit einer Stille nieder.

Mit Untertänigkeit

Den 24t. Mai 1748   Scardanelli.

Der Frühling

Der Tag erwacht, und prächtig ist der Himmel,
Entschwunden ist von Sternen das Gewimmel,
Der Mensch empfindet sich, wie er betrachtet,
Der Anbeginn des Jahrs wird hoch geachtet.

Erhaben sind die Berge, wo die Ströme glänzen,
Die Blütenbäume sind, als wie mit Kränzen,
Das junge Jahr beginnt, als wie mit Festen,
Die Menschen bilden mit Höchsten sich und Besten.

mit Untertänigkeit

d. 24 Mai   Scardanelli.
  1748.

Der Frühling

Die Sonne kehrt zu neuen Freuden wieder,
Der Tag erscheint mit Strahlen, wie die Blüte,
Die Zierde der Natur erscheint sich dem Gemüte,
Als wie entstanden sind Gesang und Lieder.

Die neue Welt ist aus der Tale Grunde,
Und heiter ist des Frühlings Morgenstunde,
Aus Höhen glänzt der Tag, des Abends Leben
Ist der Betrachtung auch des innern Sinns gegeben.

d. 20   Mit Untertänigkeit
  Jan.   Scardanelli.
  1758.

Der Frühling

Wenn aus der Tiefe kommt der Frühling in das Leben,
Es wundert sich der Mensch, und neue Worte streben
Aus Geistigkeit, die Freude kehret wieder
Und festlich machen sich Gesang und Lieder.

Das Leben findet sich aus Harmonie der Zeiten,
Daß immerdar den Sinn Natur und Geist geleiten,
Und die Vollkommenheit ist Eines in dem Geiste,
So findet vieles sich, und aus Natur das Meiste.

                                               Mit Untertänigkeit
d. 24 Mai   Scardanelli.
  1758.

Der Zeitgeist

Die Menschen finden sich in dieser Welt zum Leben,
Wie Jahre sind, wie Zeiten höher streben,
So wie der Wechsel ist, ist übrig vieles Wahre,
Daß Dauer kommt in die verschied'nen Jahre;
Vollkommenheit vereint sich so in diesem Leben,
Daß diesem sich bequemt der Menschen edles Streben.

                                               Mit Untertänigkeit
24. Mai 1748.   Scardanelli.

Freundschaft

Wenn Menschen sich aus innrem Werte kennen,
So können sie sich freudig Freunde nennen,
Das Leben ist den Menschen so bekannter,
Sie finden es im Geist interessanter.

Der hohe Geist ist nicht der Freundschaft ferne,
Die Menschen sind den Harmonien gerne
Und der Vertrautheit hold, daß sie der Bildung leben,
Auch dieses ist der Menschheit so gegeben.

Mit Untertänigkeit
d. 20 Mai   Scardanelli.
1758.

Die Aussicht

Wenn in die Ferne geht der Menschen wohnend Leben,
Wo in die Ferne sich erglänzt die Zeit der Reben,
Ist auch dabei des Sommers leer Gefilde,
Der Wald erscheint mit seinem dunklen Bilde.

Daß die Natur ergänzt das Bild der Zeiten,
Daß die verweilt, sie schnell vorübergleiten,
Ist aus Vollkommenheit, des Himmels Höhe glänzet
Den Menschen dann, wie Bäume Blüt' umkränzet.

Mit Untertänigkeit
d. 24 Mai   Scardanelli.
1748.

Zu dieser Ausgabe

Erst im 20. Jahrhundert wurde die Bedeutung Hölderlins und seiner Dichtung verstanden. Das 19. Jahrhundert wußte zwar vom Verfasser des Romans *Hyperion*; die meisten seiner Gedichte waren jedoch nicht präsent. Nur wenige, wie Clemens Brentano und Achim von Arnim, Joseph von Görres oder Friedrich Nietzsche, hatten erahnt, welch dichterisches Genie sich hier Ausdruck verschaffte. Inzwischen gehören viele von Hölderlins Gedichten zu den berühmtesten der deutschen Literatur, sie sind Bestandteil der Weltliteratur.

Die breitere Rezeption Hölderlins setzte in den frühen Jahrzehnten des vergangenen Jahrhunderts mit der Generation von Rilke, Trakl, George ein, sie erkannten den literarischen Rang des Dichters, waren fasziniert von der Kraft seiner Oden, Hymnen und Elegien.

Die Wirkung der Lyrik Hölderlins beruht in erster Linie auf der Polarität und Synthese eines am Vorbild der Antike geschulten Schreibens und einer in die Tiefen der Sprache eindringenden Subjektivität; Symbolismus und absolute Poesie finden sich bei Hölderlin vorgeprägt.

Seine Gedichte sind aber ebenso fest mit den geistigen Bewegungen seiner Zeit verbunden, fest verwurzelt in seiner Epoche; sie stehen im Kontext der Philosophie Schellings und Hegels – mit beiden war er befreundet. Er las Kant und Schiller, dessen Lyrik die Tübinger Hymnen beeinflußte und der das *Fragment von Hyperion* in seiner Zeitschrift *Neue Thalia* veröffentlichte. Neben der Philosophie und Ästhetik des deutschen Idealismus wirkten aber auch die stoische Philosophie, der Spinozismus sowie der Neuplatonismus und der Pietismus, die Kultur der Empfindsamkeit auf Hölderlins Dichtungsauffassung und auf seine Poesie ein.

Er nahm die politisch-gesellschaftlichen Ereignisse seiner Zeit genau wahr, die Französische Revolution, den Epochenumbruch. Ihm stellte er eine Vision des antiken Griechenlands als Hort der Humanität entgegen; wie viele seiner Zeitgenossen blendete er die Gewaltgeschichte der Antike und ihrer Mythologie aus – Winckelmann hatte die Sicht auf die weiße, reine Antike vorgegeben.

Hölderlin war von Rousseaus Hinwendung zur ‚Natur' ebenso be-
einflußt wie von Klopstocks religiös überhöhtem Dichterbegriff,
er übersetzte Pindar und Sophokles, schrieb in alkäischem und as-
klepiadeischem Versmaß. Dabei griff er nicht so sehr die Details
der Kulturgeschichte auf, ihm ging es um die literarische Begeg-
nung mit der Tradition, um die Weiterentwicklung des Poesiebe-
griffs, um den lebendigen Dialog mit der Vergangenheit. Er woll-
te einen neuen dichterischen Parnaß aus Vorwelt und ganz eige-
ner Gegenwärtigkeit erschaffen, aus Muster und Wirklichkeit,
mit den Mitteln seiner Sprache. Die grammatischen Inversionen,
die Genitivvoranstellungen, die ausgedehnte Attribuierung, der
Gebrauch von Appositionen, die Enjambements, die Verwendung
von Abstrakta – das alles ist weit entfernt von den konkreten Na-
turgedichten eines Barthold Hinrich Brockes zu Beginn des
18. Jahrhunderts, und es reicht über die Epoche der Weimarer
Klassik hinaus. Ebensowenig dient es sich romantischen Stilmu-
stern und Weltperspektiven an. Hölderlin steht solitär in der Ge-
schichte der deutschen Literatur. An seinem Leben hat er gelitten.
Der Vierzeiler aus den Jahren nach 1806 „Das Angenehme dieser
Welt hab ich genossen" bringt es in knapper Weise zum Aus-
druck, indem er endet: „Ich bin nichts mehr, ich lebe nicht mehr
gerne". Seine großen Hymnen, die das Leben preisen, sprechen
immer zugleich über die Unerreichbarkeit des Ideals. Die Liebe
zur Heimat, die sich in manchen seiner Gedichte ausspricht, die
Huldigung des ‚Vaterlandes' haben ihren biographisch-psycholo-
gischen Grund in der andauernden Unbehaustheit, im Getrieben-
sein, in den zahlreichen Verlusterfahrungen und Abschieden.

Am 20. März 1770 wird Hölderlin in Lauffen am Neckar als
Sohn des Klosterhofmeisters Heinrich Friedrich Hölderlin und sei-
ner Frau Johanna Christina geboren. Der Vater stirbt zwei Jahre
später, die Mutter heiratet erneut, die Familie zieht nach Nürtin-
gen um. Dort besucht Hölderlin die Lateinschule, bis er 1784 in
die niedere Klosterschule Denkendorf eintritt. 1786 wechselt er in
die höhere Klosterschule Maulbronn. Gleichzeitig mit Georg Wil-
helm Friedrich Hegel zieht er 1788 ins Tübinger Stift ein, 1790
folgt Schelling dorthin. Im Jahr darauf unternimmt Hölderlin ei-
ne Reise in die Schweiz, er sucht Johann Caspar Lavater in Zürich
auf. Hölderlin verkehrt in republikanisch gesinnten Studenten-
kreisen und macht die Bekanntschaft des Diplomaten und Schrift-
stellers Isaac von Sinclair aus Homburg vor der Höhe, eines begeis-

terten Anhängers der Französischen Revolution. Hölderlin besucht Schiller in Ludwigsburg, der ihn der Familie von Kalb in Waltershausen (Franken) als Hofmeister, Erzieher und Hauslehrer des Sohnes, empfiehlt. Mit Charlotte von Kalb und ihrem Sohn zieht er 1794 nach Weimar, doch kurz darauf geht er nach Jena, in die intellektuelle Hauptstadt Europas in jener Zeit, hört Vorlesungen bei Johann Gottlieb Fichte, begegnet Goethe. Doch dann kehrt er – in einer Fußwanderung – ins schwäbische Nürtingen zurück. Anfang 1796 tritt Hölderlin die Hofmeisterstelle im Haus des Bankiers Jakob Gontard in Frankfurt am Main an. Häufig besucht er Sinclair im nahegelegenen Homburg. Er verliebt sich in die Frau des Hauses Susette Gontard („Diotima"). 1798 wird er entlassen, er zieht nach Homburg; noch zwei Jahre unterhält er brieflichen und auch persönlichen Kontakt zu Susette Gontard. Dann geht er nach Stuttgart, um 1801 eine Hofmeisterstelle in der Schweiz anzunehmen. Doch auch diese gibt er bald wieder auf, ebenso wie die folgende Anstellung bei einem deutschen Konsul in Bordeaux. Ende Juni 1802 trifft er in Nürtingen in zerrüttetem Geisteszustand ein. Er erfährt vom Tod Susette Gontards. 1804 wird er zum Schein als Bibliothekar in Homburg angestellt, finanziert von Sinclair, der im folgenden Jahr wegen Hochverrats verhaftet wird. Auch Hölderlin gerät ins Visier der Behörde. Im September 1806 wird Hölderlin in das Autenriethsche Klinikum in Tübingen eingeliefert, im folgenden Jahr als unheilbar entlassen. Seine Pflege übernimmt der Schreinermeister Ernst Zimmer, in dessen Haus Hölderlin bis zu seinem Tode das „Turmzimmer" bewohnt. 1838 stirbt Ernst Zimmer, seine Tochter Charlotte setzt Hölderlins Betreuung fort. Viele Gedichte, die er gelegentlich mit dem fiktiven Namen „Scardanelli" unterzeichnet, entstehen noch in diesen Jahrzehnten, Gedichte von einer höchstlebendigen poetischen Kraft, auf Tages- und Jahreszeiten vor allem, wie eine Beschwörung der Dauer im Wechsel. Am 7. Juni 1843 stirbt Hölderlin.

Der vorliegende Band ordnet Hölderlins Gedichte chronologisch. Dankbar verpflichtet weiß sich der Herausgeber der Edition von Jochen Schmidt im Deutschen Klassiker Verlag, Frankfurt am Main, und der von Friedrich Beißner herausgegebenen Großen Stuttgarter Ausgabe, die noch immer Ausgangspunkt aller editorischen Arbeit am Werk Hölderlins ist.

Hans-Joachim Simm

Alphabetisches Verzeichnis der Gedichtüberschriften und -anfänge

Karoline von Günderrode

In die unbegrenzte Weite

Gedichte, Prosa, Briefe

Herausgegeben von Hans-Joachim Simm

Gebunden mit Schutzumschlag

224 S., Format: 12,5 x 20 cm

ISBN: 978-3-86539-361-6

„Ihre Gedichte lebten aus der Zeit und aus einer beschwingten, sehr individuellen Melancholie." Wolfgang Koeppen

Karoline von Günderrodes literarisches Werk – Lyrik, Dramen, Prosa und Briefe – erfuhr erst spät die angemessene Wertschätzung. Intelligent und gebildet, in Kontakt mit den maßgeblichen Vertretern der Romantik, Hölderlin und Novalis nahestehend, hat sie sich in ihrem Werk philosophischen, mythologischen und psychologischen Fragen gewidmet, in Gedichten und Phantasien, Studien und Skizzen.

Franziska zu Reventlow

Herrn Dames Aufzeichnungen

Oder Begebenheiten aus einem merkwürdigen Stadtteil

Gebunden mit Schutzumschlag

224 S., Format: 12,5 x 20 cm

ISBN: 978-3-86539-374-6

„Ihr Zynismus kannte keine Grenzen, doch immer alles mit Grazie." Annette Kolb

Freie Liebe, das Leben als nie endendes Fest, Dandys, Spinner, Spätaufsteher, Esoteriker – das sind Elemente und Menschen, die die Welt der Münchener Bohème ausmachen. Und mittendrin: Herr Dame, der in seiner Naivität den Münchener Bohemiens das ein oder andere Geheimnis entlockt und die ein oder andere überspielte Unwissenheit zu Tage fördert. Auf liebevolle und doch hin und wieder schmunzelnde Art porträtiert Fanny zu Reventlow in Herrn Dames Aufzeichnungen das Leben der Münchener Bohème sowie ausgewählte Personen ihres eigenen Umfelds und schafft so den skurrilen Schlüsselroman der Schwabinger Bohème.

Erasmus von Rotterdam

Das Lob der Torheit

In der Übersetzung von Alfred Hartmann

Mit 83 Abbildungen von Hans Holbein.

Gebunden mit Schutzumschlag, ISBN: 978-3-86539-358-6

192 S., Format: 12,5 x 20 cm

Stefan Zweig

Schachnovelle

Brief einer Unbekannten
Der Amokläufer

Gebunden mit Schutzumschlag, ISBN: 978-3-86539-360-9

192 S., Format: 12,5 x 20 cm

Kurt Tucholsky

C'est la vie –!
Ssälawih –!

Gebunden mit Schutzumschlag, ISBN: 978-3-86539-371-5

256 S., Format: 12,5 x 20 cm

Anton Tschechow

In der Sommerfrische

Meistererzählungen

Gebunden mit Schutzumschlag, ISBN: 978-3-86539-375-3

224 S., Format: 12,5 x 20 cm

Rainer Maria Rilke

Die Aufzeichnungen des Malte Laurids Brigge

Roman

Gebunden mit Schutzumschlag, ISBN: 978-3-86539-373-9

224 S., Format: 12,5 x 20 cm

Joseph von Eichendorff

Es war, als hätt' der Himmel
die Erde still geküsst

Gedichte

Gebunden mit Schutzumschlag, ISBN: 978-3-86539-370-8

256 S., Format: 12,5 x 20 cm

Jean Paul

Dr. Katzenbergers Badereise

Gebunden mit Schutzumschlag, ISBN: 978-3-86539-301-2

256 S., Format: 12,5 x 20 cm

E.T.A. Hoffmann

Nachtstücke

Gebunden mit Schutzumschlag, ISBN: 978-3-86539-324-1

256 S., Format: 12,5 x 20 cm

Theodor Storm

Der Schimmelreiter

und andere Novellen

Gebunden mit Schutzumschlag, ISBN: 978-3-86539-359-3

192 S., Format: 12,5 x 20 cm

Arthur Schopenhauer

Die Wahrheit kann warten

Gebunden mit Schutzumschlag, ISBN: 978-3-86539-309-8

160 S., Format: 12,5 x 20 cm

Weitere Titel finden Sie auf unserer Homepage: marixverlag.de